JN168389

今日から
モノ知り
シリーズ

トコトンやさしい

工程管理の本

ものづくりで付加価値を最大化するために、「工程管理」は大きな役割を担っています。「生産管理から見た工程管理のあるべき姿」と「工程管理から見た生産管理への参画の仕方」を理解し、「全社的工程管理」の実践で競争力ある工場に変身します。

坂倉 貢司

B&Tブックス
日刊工業新聞社

はじめに

日本のものづくりの優秀さには定評があります。ただし、画期的な製品を企画しても、それが形にならなければ単なる絵に描いた餅です。ISO9001：1994が発行されたとき、導入の参考として私は本を読み漁りました。その中に、ビール会社の例を挙げて「ISOでビールの味はうまくなるか？」との記述がありました。答えは当然「なりません」です。

笑い話のような例えですけれども、ビールの味を決めるのは工程ではなく、設計開発・企画・販売部門です。工程は「決められた味」を最小品質コストで、「決められた味」から外れないように実現するためのシステムであると教えられました。日本のものづくりの現場は、そのような「決められた味」に関心を持って取り組み、工夫を重ねて実現してきました。それが、日本のものづくりが誇る優秀さの一因です。

近年、グローバル化が進み、労働者の構成が変化してきています。さらに、急速な技術革新による新製品・新市場も次々と登場しています。ビジネスチャンスは、すぐに失われてしまいます。一方で、製造者の責任は重くなっています。リコールが発生した場合、グローバル化の進展により、当該製品は世界規模で瞬く間に被害の拡散を招きます。ものづくりの現場の責任とその範囲はますます拡大しているのです。

JIS Z 8141：2001生産管理用語の1215生産管理の項に、「財・サービスの生産に関する管理活動」と定義されています。その狭義の定義が「工程管理」とされています。「生産」

とはサービスも含みます。本書では、主に製造業を主体にまとめましたが、第1・2章ではサービス業の分野においても共通してご理解いただける内容となっています。

「生産管理」「工程管理」とは、製造業に所属していれば常に聞く用語ですが、JISにおいてその識別はあいまいで、実務で正しく理解できていない状態で使われることが多いようです。ISOの要求事項でも、表面的には現れていません。しかし、冒頭に述べた「絵に描いた餅」ではなく、「確かな餅」にして顧客や市場へ届けるためには、ものづくりの基本である「生産管理」と「工程管理」の使い分けを理解する必要があります。ISOマネジメントシステムもその理解があって初めて機能します。したがって、本書の立ち位置は「生産管理」と「工程管理」を大局的にご理解いただけるように配慮しました。

構成は、第1・2章は「生産管理」「工程管理」の必要性とその違いについて、企業活動との関係を含めて説明しました。第3~7章は、従来の「工程管理」の概念から、全体最適を実現するための「全社的な工程管理(全社的工程管理)」を重視する位置づけについて説明しました。いずれも木を見て森を見ずでは、ムダ・ムラ・ムリが発生してしまいます。キーワードは、「付加価値」と「QCD」です。そして第8章は、工程管理における悩みどころの代表的な対策法を列挙しました。「工場管理」や「現場管理」など、工程管理と重なり合う管理がありますが、「工程管理」が理解できていない状態でものづくりの現場管理を行っても効果が得られにくく、やらされ感が出ることは否めません。工程とは何か、なぜ工程を管理する必要があるかについて、その理解に本書が少しでも役に立つことを願っています。

本書は、製造業のみならず、財やサービスをつくる工程管理の初学者が読んでいただけることも考慮してまとめましたが、紙面の都合上、専門用語を使わざるを得ない場面がいくつかあります。また、読者層も初学者から中堅管理者までを想定しています。難易度が異なるため、読みやすいところからご理解いただけるよう文章中に参照項を記し、どこから読んでも理解しやすいように配慮しました。ぜひ、本書をきっかけにさらに深く知識を広めて、実務にお役立ていただければ幸いです。

本書の執筆に当たって、執筆の機会を与えていただいた日刊工業新聞社の編集担当各位、お世話になりました日本生産管理学会、標準化研究学会各位、参考にさせていただいた文献や書籍、ならびに実務資料の提供をいただいた株式会社セキデン(三重県亀山市)に感謝を申し上げます。

2016年11月

著者

目次 CONTENTS

第1章 工程管理を知ろう

第2章 工程管理の位置づけを知ろう

15 生産計画の基となる受注計画を知ろう「受注計画の精度を高める」……40

第3章 効率の良い工程管理を構築しよう

第4章 ダイナミック生産体制の構築

第5章 全社的工程管理を導入しよう

第6章 工程管理をスムーズにするためのSCM

第1章
工程管理を知ろう

1 工程管理はなぜ必要か理解しよう

工程管理といえば、製造業なら製造部や製造課で係長や工長・班長よる監督の下、忙しくものづくりに携わる現場管理の姿を連想するのが一般的です。目標の生産数を達成するため一丸となって働く職場は、製造業のみならずサービス業でも同じです。日本工業規格のＪＩＳ Ｚ ８１４１：２００１生産管理用語の中に、１２１５生産管理の定義として財・サービスの生産に関する管理活動の規定があります。

①定められたＱＣＤ（10・11項を参照）で生産するため、または、最適化を図るため、人・もの・金・情報を駆使し、需要予測・生産計画・生産実施・生産統制を行う手続や活動

②狭義には、生産工程における生産統制を意味し、工程管理ともいう

用語の詳細解説は別項に譲りますが、例えば、筆記用具の代表的なシャープペンシルを商品化する場合、どのような機能で、コストで、どのような耐久性が必要かを調査し、計画します。これが「ねらいの品質」です。さらに、オシャレな機能やデザインなど魅力的な品質も、商品として重要な要素なためつけ加えます。企画した通りの商品にするために製造工程が必要です。加工方法を決定し、設備・作業者を揃えて製造方法の訓練を行い、材料を投入して加工し、確認作業を実施し商品として出荷します。販売し、対価（お金）を受け取り、市場の評価を得て継続的に製造・販売します。付加価値をつくり込む工程を管理することが、企業の利益活動の実行面で欠かせない活動です。

現代は、良いものをより安く安定的に供給することが求められています。投入された加工対象の管理を的確に行うには、より広い生産管理を理解した「全社的工程管理」の実施が求められています。今ではＩｏＴ（Internet of Things）を用い、効率的な工程管理を行う企業も多くなっています。

要点BOX
- ●企業は利益を得る活動
- ●ねらいの品質とできばえの品質の違い
- ●付加価値をつくり込む工程の管理

ものづくりにおける工程管理

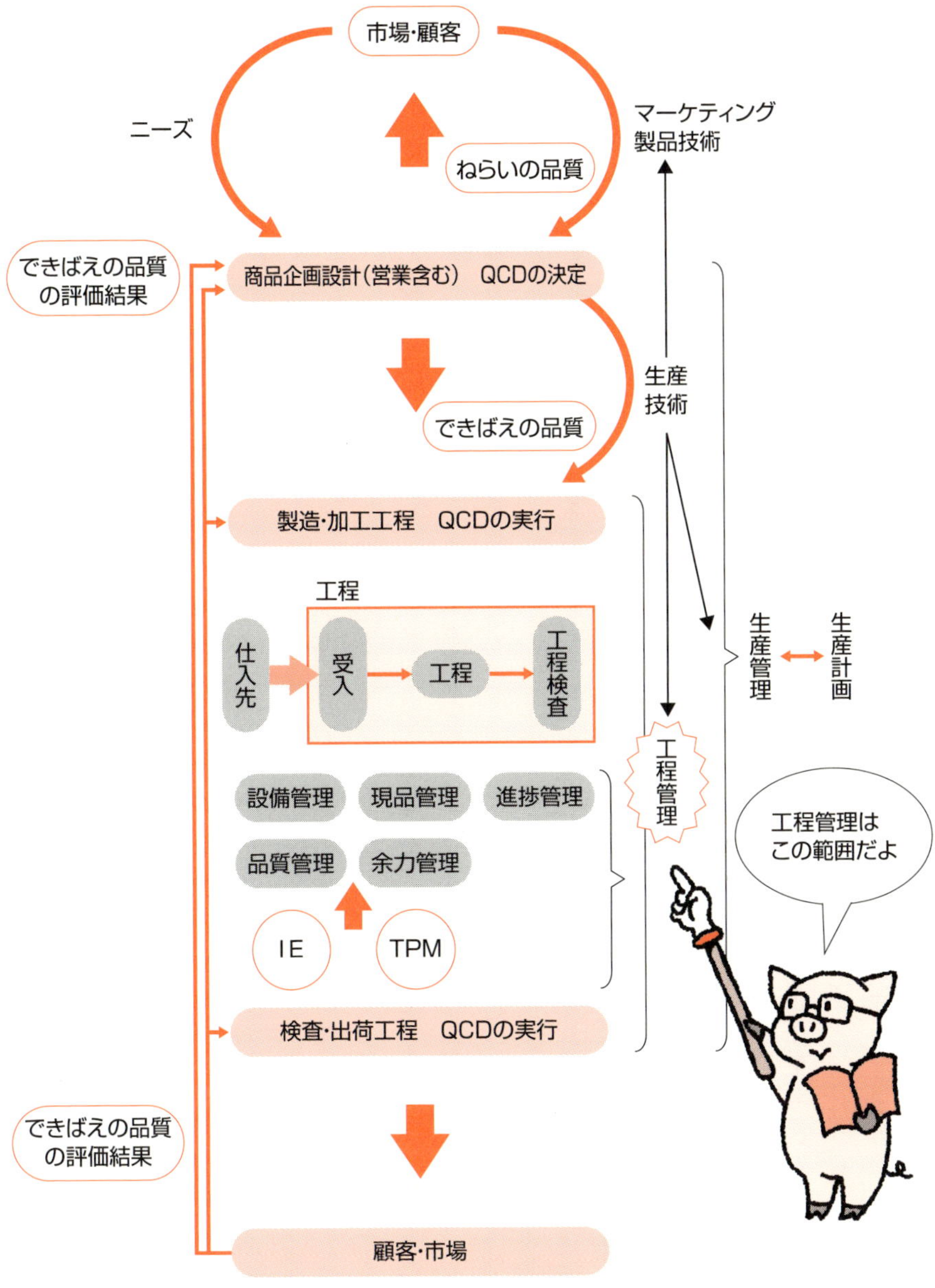

市場·顧客
ニーズ
ねらいの品質
マーケティング
製品技術
できばえの品質
の評価結果
商品企画設計（営業含む）　QCDの決定
できばえの品質
生産
技術
製造·加工工程　QCDの実行
工程
仕入先
受入
工程
工程検査
生産管理
生産計画
工程管理
設備管理
現品管理
進捗管理
品質管理
余力管理
IE
TPM
工程管理は
この範囲だよ
検査·出荷工程　QCDの実行
できばえの品質
の評価結果
顧客·市場

2 QCDと工程管理の関係

顧客が要求する管理とは

工程管理とは、定められたQCDで生産するため、または最適化を図るため、人・もの・金・情報を駆使し、需要予測・生産計画・生産実施・生産統制を行う手続や活動のうち、生産工程における生産統制を指しています（前項で詳細を解説しました）。

顧客の立場から見ると、

①Q（Quality）品質→要求品質を満たしていること

②C（Cost）コスト→購入価格（仕入価格）がより廉価に提供されるか

③D（Delivery）納期→欲しいときに入手可能かが重視されます。一方で供給側の立場から見ると、

①Q（Quality）品質→顧客の要求品質が達成され、かつ最小品質コストであるか

②C（Cost）コスト→利益が確保できる原価であるか

③D（Delivery）納期→顧客から指示された納期に納入できるか

が重要になります。

QCDは、PQCDSMとしてP（Productivity）＝生産性とS（Safety）＝安全、M（Morale）＝やる気の3項目を加えることもあります。しかし、PとSとMの結果は、QCDに包括されます。

顧客は商品を選ぶときに、QCDに対してしか興味を持ちません。工程管理では、QCDは顧客満足度の尺度であり、PSMはその達成のためにプロセスを管理する重要な要素という位置づけです。

QCDは、マーケティングを行い顧客要求の条件を当てる、または顧客からの契約や指示がなされ、それをもとに、どのようにQCDを組み立てるかを決めて準備します。それらを織り込む場所が、工程なのです。すなわち工程を管理するということは、QCDがねらい通りに顧客の元に提供することを目的に行うものです。

要点BOX

●QCDは顧客要求を実現する
●結果のQCDと達成プロセスのPSMを理解
●工程管理で顧客にねらい通りのQCDを提供

顧客要求に応える工程管理

マーケティング
・誰に
・何を
・どのように

↓

生産管理
PQCDSM

↓

Q　要求する品質で
C　要求する価格で
D　要求する納期で

工程管理の役割

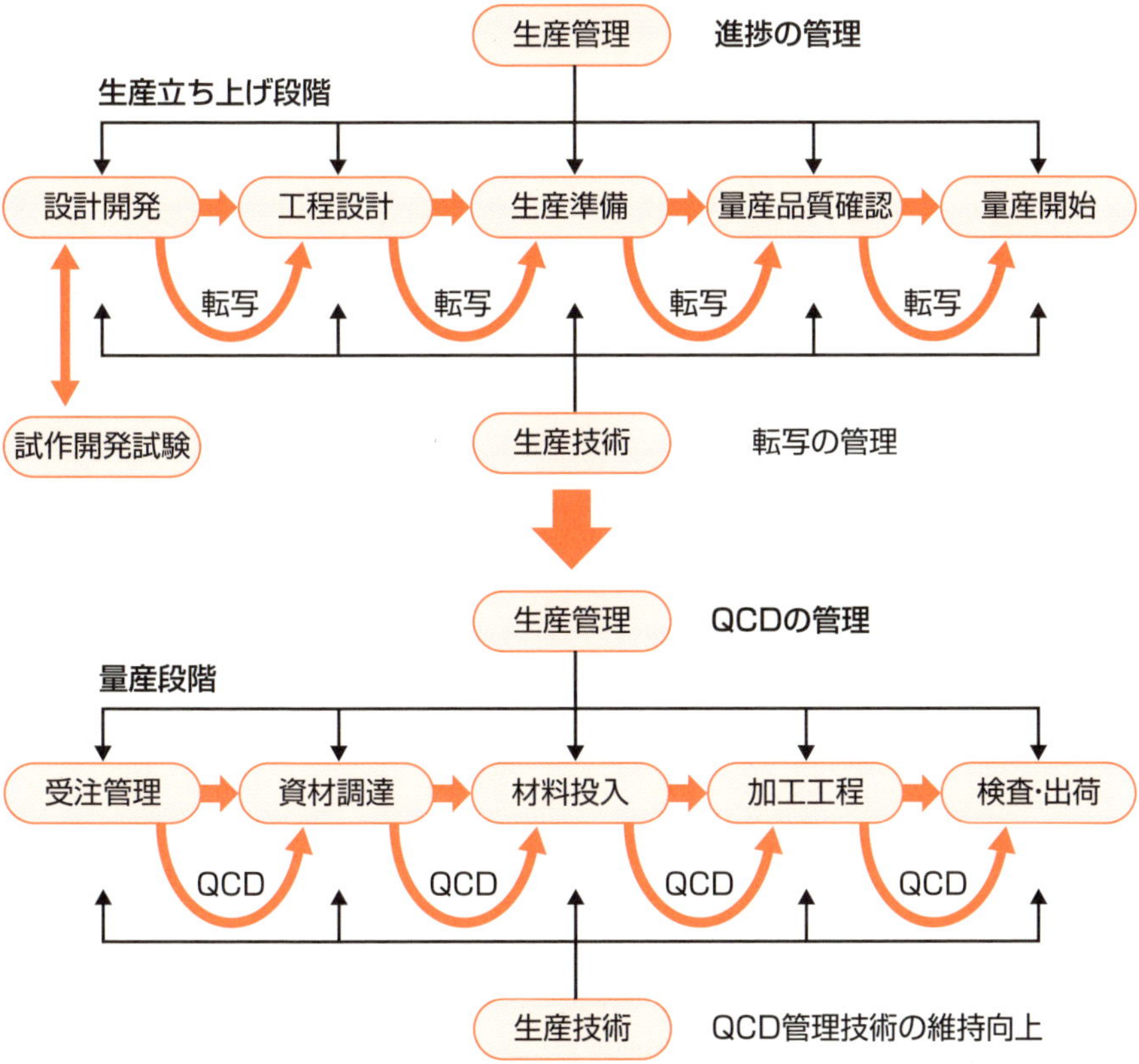

13

3 QCDは工程管理の基本と知ろう

QCDの管理でできばえの品質をつくり込む

企業の大命題が利益を得る活動であることから、企業はその取り組みに全力を注ぎます。商品利益のもとになる付加価値を増加させ、顧客に提供して利益を得ます。

付加価値の増大は要求されたQCDが満足されている前提で成立します。顧客がいくら求めても品切れの場合は売ることができません。また、期待した付加価値に見合った価格でなければ、顧客に満足されません。使ってみて納得できる耐久性が得られ、いつどこで購入しても同じ品質を確保するなど期待に応える必要があるのです。

例えば、テレビCMで見た美味しそうなビールを飲んで気に入った場合、次に購入するときも当然同じ味を期待します。ところが、買うたびに異なる風味だったら購入をためらうでしょう。

ビールの風味を決めるのは商品企画部門の仕事です。工程は、その決められた風味が、いつでも同じであることが要求されます。しかし、工程にはばらつきが発生する要因が潜んでいます。それらを許容された範囲に管理し、提供する必要があります。

顧客は、期待を込めてその商品を手にとります。その信頼を崩さぬように、一定の許容範囲（管理基準）を決めて結果を突き合わせて、正しく結果が出せたものを提供します。これを、できばえの品質と読んでいます。できばえの品質は、QCDの管理の結果として表れます。

「品質は工程でつくり込む」ということは、ねらいの品質をできばえの品質に漏れなく正しく転写するために、最適なQCDで達成することを意味します。ねらいの品質を、工程で決定することではありません。生産管理（＝生産マネジメント）は、生産計画と生産統制に大別されます。できばえの品質は、その生産統制と工程の組織と運営をバランスさせ、決められたQCDを満足させることが欠かせません。

要点BOX

- ●付加価値はQCDの満足が前提
- ●管理基準を決めて結果を突き合わせる
- ●品質を工程でつくり込む意味を正しく知ろう

利益につながる工程管理目的

工程管理の基本目的
① 納期厳守
② 必要量確保
③ 仕掛量、在庫量少なく
④ 生産期間短く

→ **最終目的**
利益の確保 ←

関連諸管理の目的
① 品質良く
② 原価安く
・能率良く、材料効率良く、設備効率良く
③ 安全・環境管理良く

Q:品質
C:コスト
D:納期

工程管理の体系

- 生産マネジメント
  - 生産計画
    - 顧客の内示計画をもとに立案
    - 内示計画を予測し、計画から実行に移すリードタイムをつくらなければならない
    - 日程計画
      - 大日程計画
      - 中日程計画
      - 小日程計画
      - 会社全体の生産スケジュールで立ち上げ計画も含む。計画的に立ち上げ、その後、繰り返し受注生産に移行する製造業などは製品別の中日程計画があり、その集約された情報から海外工場も含めた会社全体の計画が立案されることが多い。小日程計画は作業準備や工程設計の段階でつくられる
    - 手順計画：工程設計・加工方法・ロットサイズ
    - 工数計画：生産能力の確認。外注工数も含む
    - 材料計画：材料の所要量計算。発注方式の決定。先行手配計画（海外工場使用の場合は特に重要）。調達の安定性の確保
    - 設備計画：手順・工数・材料・人員計画と連携し、品質コストの最小化をねらって計画する。海外工場使用設備は現地における整備性も重要である
    - 人員計画：手順・工数・材料・設備計画と連携し、担当工場（海外含む）・担当ライン・外注との分担を含めて計画する。安かろう悪かろうの人員計画は品質コストの増大を招くため注意する。人員の定着率や教育コストおよび教育期間中の作業効率低下も含めて計画する
    - 作業指導：作業方法の立案と教育訓練を実施する。海外工場では指導内容の徹底が難しいため、教育効果の確認方法を決定しておくこと
    - 作業準備：上記内容が大日程・中日程計画をもとに生産計画が達成できるよう現場配備する
  - 生産統制
    - 製作手配（差立）：顧客の生産管理部門からデータ指示が翻訳され、社内に指示が伝達される
    - 作業割当・作業指示：あらかじめ決定・準備された生産計画に従って材料が払い出され、外注や海外工場・自社工場に指示が出される。適正ロットで、適正リードタイムで指示が発行されればルーティンで工程が進捗する
    - 作業統制：変化点、品質不良など工程で停滞しているか監視・測定し、遅れを対策し、納期と品質を顧客指示に合わせる
      - バーコードやICタグを使用して瞬時に工程仕掛り状態の把握方法が効果的
      - 進捗管理（進捗統制）：進度管理（各工程の進捗）
      - 現品管理：在庫量
      - 余力管理：生産計画と投入された仕事量の確認
      - 生産報告：生産実績資料
  - 工程管理組織と運営
    - 作業組織の見直し：現場編成、機能配置、流れ方式
    - 管理機構の不具合：組織、業務分掌、責任権限
    - 報告、連絡制度の不備
    - 人間関係：スタッフと現場監督者、得意先、購買先

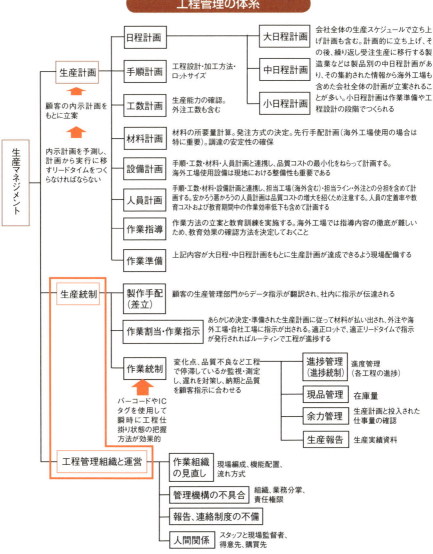

4 工程管理はどこで誰が行うべきか

全社的工程管理を行おう

現場の管理監督者のみが工程管理の実行と責任を持つという組織構造では、顧客が求めるQCDの達成は困難です。工程は製品企画段階から計画されます。新規製品でどのように付加価値を最大化するかを計画する段階で、製造方法が概ね決定されていないと製造原価が計算できないからです。

利益計算がなされない商品開発や受注はあり得ません。開発設計と並行して工程設計や、生産技術部門が工程管理も含めた検討を行います。実際に量産条件で製造トライを行い、不良率や加工時間がねらいの品質の許容範囲になっているかを確認しなければ、量産開始と同時にトラブルの山となります。さらに、メンテナンス方法や安全・環境などに配慮した工程とするつくり込みも必要です。

工程で品質をつくり込む作業は、こうした準備段階が必要です。「段取り八分」のことわざ通りとなります。生産量は平準化（平均化）されているか、どの程度ばらつくのか、そのときの対応はどうするかといったこともこの段階で検討し、対策を打つ必要があります。教育訓練、スキルチェック、工程の異常処置方法など全社的に関連管理部門が関係してつくり込みます。

量産開始後、しばらくは初期QCD管理期間を設定して監視体制を強化し、繰り返し受注生産に移行します。やがて工程が安定状態になると、工程管理の主体は製造担当部門となります。

量産を安定的に管理する製造担当部門は、量産開始前からそうした活動に参加し、自部署が引き継いだときに安定的な管理の検討をしましょう。したがって、工程管理とは全社的な管理を構築し、安定的な管理状態を維持することを指します。「全社的工程管理」を重視し、量産開始後に主体となる製造部門など工程管理部門は、その維持管理と異常時のセンサー的な役割を果たすのです。

要点BOX

- ●開発設計段階から工程品質をつくり込む
- ●製造担当など工程管理部門は量産開始前から工程品質をつくり込む活動に参加しよう

全社的工程管理とは

製品立ち上げ・初期流動管理 → 立ち上げ後の生産管理

製品立ち上げ・初期流動管理

工程	内容
市場調査	先行加工技術開発
↓	
製品開発・企画	加工技術開発
↓	
生産準備	工程設計 品質管理 設備設計 工程・工場設備整備 標準類・教育訓練
↓	
量産立ち上げ	工程管理 工程能力 設備稼働率・可動率 設備保全性 メンテナンス方法・頻度 出荷システム・荷姿 安全管理
↓	
初期流動と評価	工程管理 工程能力 設備稼働率・可動率 設備保全性 メンテナンス方法・頻度 出荷システム・荷姿 安全管理

↑ 工程管理の方法や仕組みが検討、決定される

立ち上げ後の生産管理

生産計画

工程	内容	部門
受注	受注システム開発	生産管理部門 システム開発部門 工務部門 営業部門
↓		
生産計画・指図発行	受注システム開発	生産管理部門 システム開発部門 工務部門 営業部門

生産統制

工程	管理	担当部門
仕入	仕入発注 在庫管理	生産管理部門 資材部門 工務部門 営業部門
製造・加工 ← 外注加工	進捗管理 発注管理 品質管理 現品管理	生産管理部門 工務部門 品質管理部門
検査	検査管理 品質管理 現品管理 進捗管理	生産管理部門 工務部門 品質管理部門
出荷	納期管理 出荷管理 現品管理 進捗管理 在庫管理 原価管理	生産管理部門 工務部門 営業部門 経理部門
運搬・納品	輸送品質管理 現品管理 進捗管理 安全管理	生産管理部門 工務部門 総務部門

↑ 生産計画に基づき生産工程を管理する

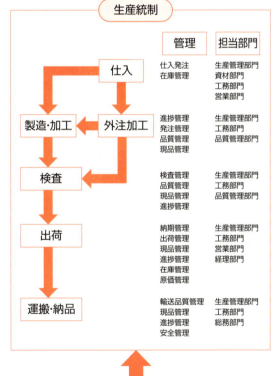

5 QCDは総合的にバランスをとる

まず品質確保を優先させる

所定量を生産できなかったのは工程管理の失敗によるもの、という誤解が根強くあります。管理要素の1つではありますが、それがすべてと考えるとQCDのバランスを崩す恐れがあります。

QCDはどれ1つが欠けても、本来の工程管理の目的である工程で付加価値を増大して利益の源泉を生む作業から外れます。よく見る光景に、「手順変更もやむを得ないから、とにかく急いでつくれ!」があります。生産優先で、決められていたタンクの洗浄を怠ったために食中毒を発生させ、食品会社のブランドが一瞬で崩壊した事件は記憶に新しいところです。

量産段階の工程管理を預かる管理部門は、変動する生産量を前に過大な負荷計画を実行しなければならない苦労は相当です。そこで、「来ちゃった管理」から「来るかも!管理」に移行すべきです。量産工程では不良やクレームが頻発します。これらは現象で、その原因が必ず存在します。あらかじめ計画段階で想定し、対応策を検討・ルール化することが大事ですが、実際には混乱に巻き込まれることもあります。QCDをどのようにバランスを取ればよいか、企業や製品特性によって異なりますが、概ね、

①Q（品質）の確保
②D（納期）の保証
③C（コスト）の管理

の優先順位となります。コスト優先や顧客対応のためD（納期）を優先する要望は強いですが、品質が確保できない状態ではブレーキの壊れた車を運転するに等しいです。対策のため最終検査で手直しや破棄が増え、かえって納期遅延を発生させてコストも余分に生じます。

バランスを取ることは、特急進捗のために暫定工程を組む場合でも、押さえるべき要点を外してはならないということです。

要点BOX

- 「来ちゃった管理」から「来るかも!管理」へ移行して想定内の対策に
- 火事場騒ぎに巻き込まれないこと

利益の確保と工程管理

企業運営にとって必要なこと

納期管理
量的管理
仕掛量管理
在庫管理
リードタイム管理

→ **利益の確保** ←

品率管理
原価管理
・能率
・材料歩留り
・設備効率
安全・環境管理

↓

量産立ち上げ準備段階

開発・設計段階	試作段階	量産出図前検討	量産試行段階	量産確認段階
設計検証	**試作現物確認**	**設計検証**	**工程品質確認**	**最終品質確認**
規格・FMEA・CAE	外観・動作・図面ミス検証・工程設計・いじわるテスト	検証漏れのチェック・関係部署とのDR（デザインレビュー）	工程能力・作業者教育・作業標準・治工具類整備・組付作業性確認	製品の総合評価・検討漏れの発見・品質責任者による量産開始決定

工程でQCDをつくり込む段取りを済ませる

↓

生産計画

↓

材料購入	製造	検査	販売
規格外れ 返品・選別	不良品の手直し費用 材料のムダ使い	不良品破棄 再検の人件費 検査費用	クレーム訴求費用 値下げ圧力 売上低下 ブランドの崩壊 納期遅延

工程を管理する

計画された
Q：品質=Quality
C：コスト=Cost=品質コスト
D：納期=Delivery
が

計画されたように運用する

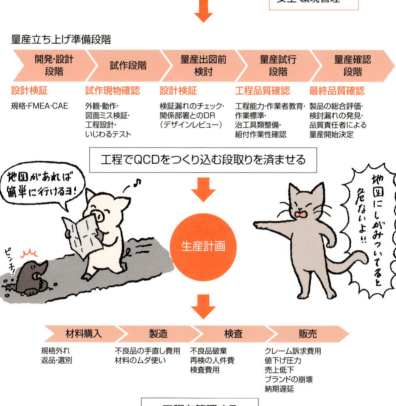

6 生産管理と工程管理の関係を覚えよう

重みづけが異なる同じ目的の活動

日本工業規格（JIS Z 8141：2001生産管理用語）で、工程管理は狭義の生産管理の中の、生産統制と定義しています。目的は、企業の利益確保のために定められたQCDの最適化と運用ですから、生産管理との関係が混乱します。

工程管理を、一般にイメージされる製造現場の日常管理と同様にとらえると、発生現象に対して行き当たりばったりの処置に終始し、管理レベルの向上が望めない状態に陥ります。そこで、以下の分類に基づいて工程管理を定義することが求められます。

①付加価値の費用対効果の最大化を目的に、定められたQCDでの生産・最適化を図るためのシステム化

②システムへの情報インプット（需要予測・生産計画）

③システムからのアウトプット（生産実施・生産統制活動）

工程管理を生産管理の一部としてとらえ、部分的な管理ではなく、同じ目的に向かって活動する項目の重みづけが異なるという考え方をしましょう。例えば、生産計画は、全社的な販売利益計画に基づいて立案されます。「人・もの・金・情報」を、どこにどう投入するかは、最終的に経営層が決定します。

工程設計は、場合によっては工場立地も含まれる生産計画に近い要素を持っています。国内か海外かの選択も入ります。しかし、工程管理としてまったく関与しないことは、実行時に実務的な問題を発生させる可能性があるため、この段階から関与しておくべきです。

生産管理と工程管理の一般的な作業分担を次ページの図に整理しました。工程管理が単なる日常管理ではなく、企業利益に直結していることを理解して、受け身の管理にならないようにすることが大切です。

要点BOX

- ●工程管理は単なる日常管理ではない
- ●工程管理も全社的な管理活動である
- ●利益に直結する管理に受け身は不要

生産管理と工程管理の関係

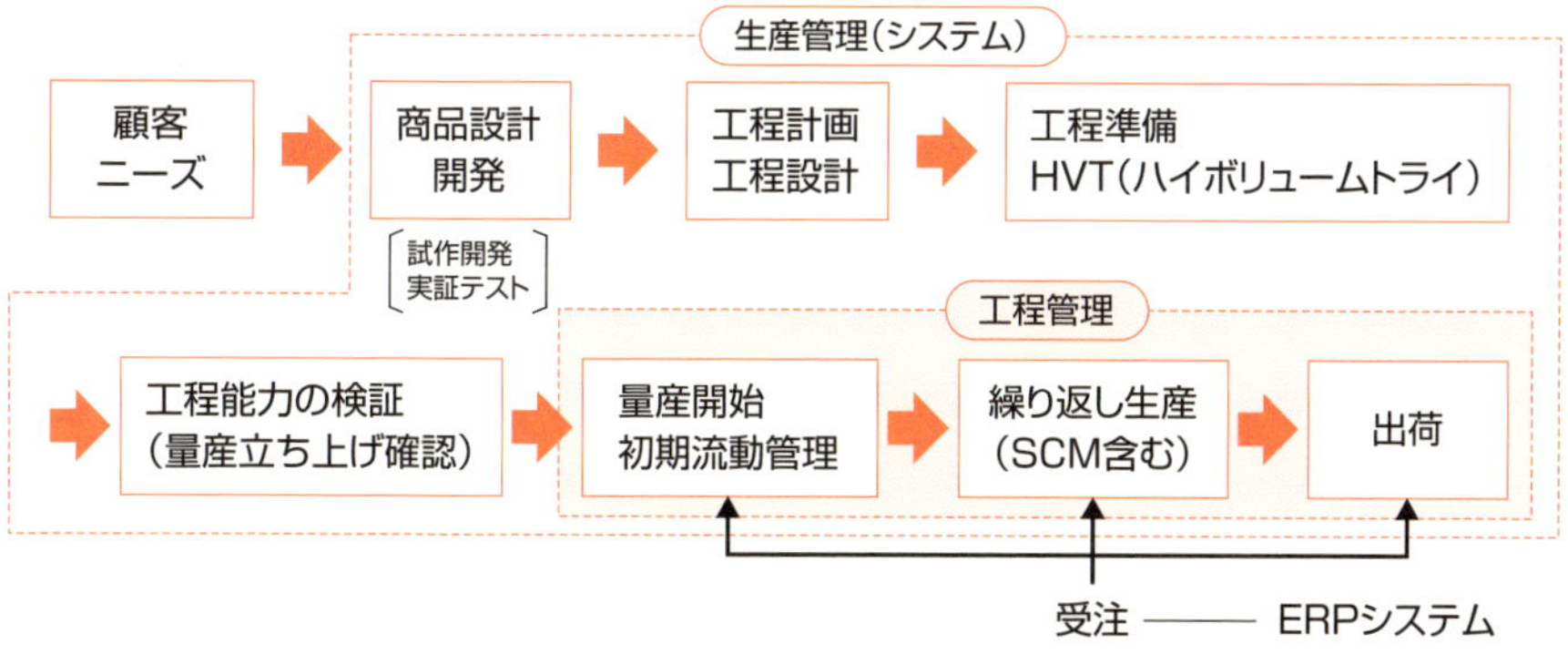

記号の意味　◎主体的に実効　○実効　△補完的作業

	生産管理	工程管理	概要
生産計画	◎	△	QCDの制約条件と達成基準を明確にしながら、生産量と生産時期を計画
工程計画	◎	△	生産計画に基づいて工場や工程を準備するための基本構想と実行計画
工程設計	◎	○	工程計画を具体的に決定する作業
全社生産統制	◎	○	企業段階の生産計画に基づいて製作手配、作業割り当て(指示)
工程生産統制	○	◎	生産計画に基づいて作業割り当て(指示)、作業統制
現品管理	○	◎	作業統制の1つ。資材、仕掛品、製品、在庫管理を行う
余力管理	○	◎	作業統制の1つ。生産計画と投入された仕事量の確認を行う
進捗管理	○	◎	作業統制の1つ。各工程の進捗度(加工度･進み具合)を管理
SCM構築と管理	◎	○	生産計画を達成するための、受注から出荷及び納入までのすべてにわたる情報と生産統制の整備。SCMが維持され機能するように管理する
JIT構築	◎	○	ジャストインタイムと言い、すべての工程が後工程の要求に合わせて、必要なものを、必要なときに、必要な量だけ生産供給する仕組みをつくること
JIT管理	○	◎	ジャストインタイムはムダな在庫や仕掛品を持たない仕組みのため、工程管理の維持が重要となる
生産性管理	○	◎	工程で生産された量÷そのために投入された量の比率が、計画に対して正しく運営されているか確認し、修正していく作業
同期化	◎	○	分業化された各工程が、作業の進捗や作業時間を一致させて、ムダが発生しないようにすること
教育訓練	△	◎	決められた手順を決められた基準(時間、品質)で行えるように、訓練と結果の評価をあらかじめ定めて行うこと
自工程完結活動	△	◎	次工程はお客様であるという定義の下、不良品は次工程に流さない、JITを維持できるように自工程でQCD管理すること
設備管理	△	◎	設備の可動と稼働を最適状態に管理する
TPM	○	◎	全社的な生産保全活動で、ロスの低減生産のムダの排除を行う
設備保全	△	○	設備の性能を維持するための日常的や定期的な活動

注:参考　JIS Z 8141、TPMは日本プラントメンテナンス協会の登録商標

7 生産形態を理解しよう

工程レイアウトを適切に選択する

企業や製品・サービスの違いにより生産形態が異なります。約100年前、F・W・テーラーとF・B・ギルブレスが作業者の作業効率に着目し、始めた研究がきっかけでIE（Industrial Engineering）が発達しました（27・28項を参照）。その結果、生産量と工程レイアウトを適切に選ぶことが、利益目標達成の重要なポイントとされるようになりました。

製品別レイアウトでは、製品あるいは類似の製品をグループとし、専用の設備を配置して工程を設計します。生産量が途切れることなく、十分に量がある場合は最も効率が良い方法です。代表的なものに、ベルトコンベアに乗って製品が進む流れ作業工程があります。

生産量の変動に対応しにくく、使用設備が専用機化するため、設備費用が高価な場合は製造原価を十分検討すべきです。最近はIoT（Internet of Things＝もののインターネット化）や自動化設備が発達し、製品別レイアウトに多品種を流す混合生産方式か、IoTを活用してグループ別・機能別レイアウトを採用することが増えてきました。

グループ別レイアウトは、類似製品をグループ化する方法がノウハウです。サブラインを設け、一部機能別レイアウト方式を取り入れながら、設備の稼働率や人的効率の向上を図ります。生産変動に強い一方で、設備の多機能化や作業者の多能工化、多台持ち化が必要です。変化点が多発する工程のため、工程飛びや異部品の誤組付が発生しやすく、工程管理能力が最も問われるレイアウトと言えます。

機能別レイアウトは機能別の設備群を主要製品が流れやすい配置、もしくは大半の製品が流れる順序に群として配置し、それぞれの工程順序で渡り歩くように流します。設備や工程負荷の管理が大切です。工程飛びが起きやすく、設備の段取り替え時間短縮が課題です。

要点BOX

- ●製品別レイアウト・グループ別レイアウト・機能別レイアウトがある
- ●生産統制部門は特徴を理解しよう

P-Q分析とは

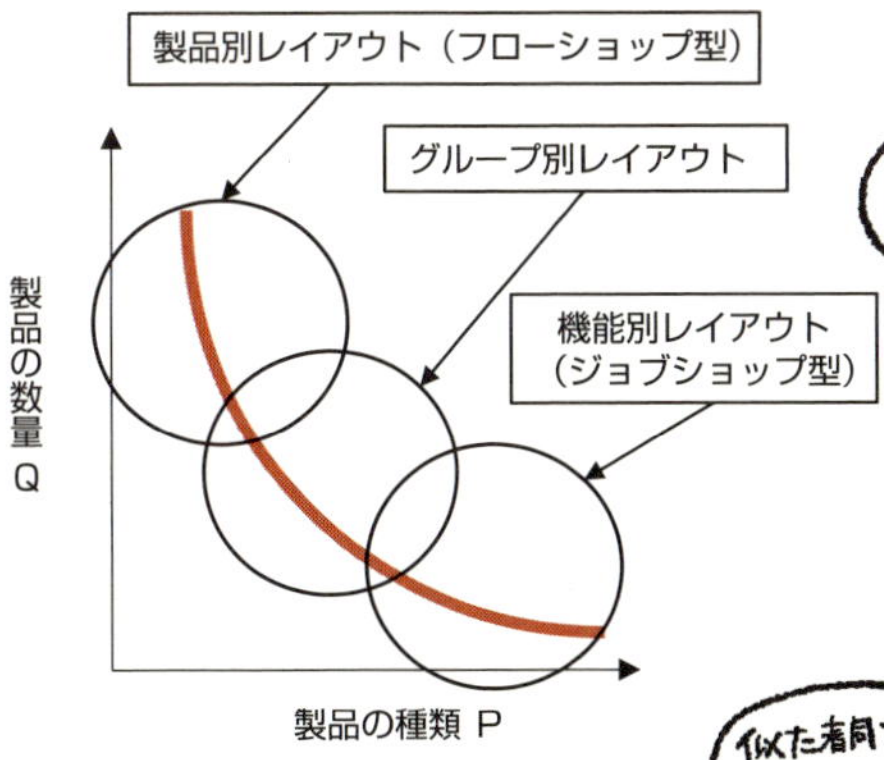

製品別レイアウト

グループ別レイアウト

機能別レイアウト

工程レイアウトの特徴

	製品別レイアウト	グループ別レイアウト	機能別レイアウト
主な受注形態	見込み生産	見込み～受注生産	受注生産
生産方式	プロセス生産・連続生産	連続生産・ロット生産	ロット生産・個別生産
生産品種	大量～小種多量生産	中量～多種少量	多種少量～受注生産
段取り替え頻度	極小～小	中	中～大
生産技術の適用	生産性優先・ 受注予測システム	CIM・自動化・搬送システム・ 多台持ち対応	資材在庫管理システム・ マルチオペレーター対応

8 プロダクト・ミックスを理解しよう

自社の利益獲得に有利な製品を組み合わせる活動

プロダクト・ミックスとは、自社の利益獲得に向けて有利な製品を組み合わせる活動です。同様に①マーケット・ミックス、②プロセス・ミックスがあり、これらは相互に関連しています。

営業や開発企画部門は、自社の強みと市場ニーズを組み合わせて売れ筋商品を伸ばそうとします。逆に、市場競争力のない商品は縮小します。自社の強みや市場競争力は、自社のQCDに対応する能力と同義で、QCDの最適化を常に行ってマーケット・ミックスの支援を行う必要があります。

一方、プロセス・ミックスは、工程の有利・不利を検討して最適工程を組み合わせることです。コアコンピタンス（その企業の中核技術で外部に出さない）は別にしても、内製か外製か、国内生産か海外生産か、一部工程に適用するのかなど組合せは何通りもあります。高価な設備を使用するため、自社工場内で行うことが品質・コスト面から有利な場合や短納期対応では国内生産にする。原価低減が必要なときは海外生産に切り替える、などがあります。

プロダクト・ミックスは、マーケット・ミックスとプロセス・ミックスの調整を行う役割を持っています。工程レイアウト（7項を参照）の採用にも影響を与えます。

注意すべき点は、自社の弱みを認めた上でマーケット・ミックスを考えて、対策を打っておかないと市場から淘汰される恐れがあることです。コンペティターも同じことを考えており、プロセス・ミックスに引きずられ過ぎると利益が見込めるプロダクト・ミックスができなくなります。

したがってプロダクト・ミックス上、弱みの克服という課題が明確になれば、工程管理はそれを計画し実行していかなければなりません。「全社的工程管理」という企業の利益を常に意識した活動は、そうした意味でも大切なことです。

要点BOX
- マーケット・ミックスとプロセス・ミックスそれぞれの特徴を知ろう
- マーケット・ミックスを重視して対策せよ

利益を確保する方法

マーケット・ミックス対策
市場・顧客・地域の組合せの最適化

- 有利マーケットの選択
- マーケット組合せ割合変更
- 不利マーケット整理
- 新規マーケット開拓

プロダクト・ミックス対策
品種・製品の組合せの最適化

- 有利品種・背品の選択
- 品種・製品の組合せ割合変更
- 不利品質・製品の整理
- 新製品開発、新規受注

プロセス・ミックス対策
生産工程の組合せの最適化

- 有利工程の選択
- 内外製比率の変更
- ネック工程対策
- 新技術、新素材の活用
- 企業グループ分担変更

（プロダクト・ミックス対策〜プロセス・ミックス対策）工程に何をどのように仕掛けるかをあらかじめ計画することが必要

プロダクトミックスが主体です

9 プロダクト・ミックスに必要な生産能力とは

リードタイムの短縮は必須

プロダクト・ミックスは、マーケット・ミックスからの要求とプロセス・ミックスの制約を調整して企業利益に貢献するため、リードタイム（受注から納入まで）の短縮は欠かせません。マーケット・ミックスの結果、市場への投入を急ぐ必要があるためです。同業他社や他分野の企業が同じ市場をねらってくることは一般的です。どの企業も、市場戦略的には同じ時期に同様の取り組みを考えます。

その場合、早く市場投入できた製品がディファクトスタンダード（実質的な業界標準）となります。ある特性を持った商品が、最初に売り出した商品名で一般化されることは多々あります。なぜなら、既存商品が存在せず、その商品名で呼ぶしかないためです。そうしたこともあり、企業は引き合いや開発段階から製品出荷までの期間短縮を争うのです。

リードタイムに織り込んでおくべきポイントの1つとして、量産開始後に問題が発生した場合は対応に多大な工数がかかるため、並行して検討し対応を図るべきです。その中で最も重要な事柄は、事前対策の重視です。過去トラ（過去の失敗記録集）や、べからず集などの形式でノウハウを集積し、同じ失敗を繰り返さないように確認作業をするとよいでしょう。

新製品開発段階と製品量産後のリードタイム短縮方法は、4M（Man＝人、Machine＝機械、Material＝材料や前工程からの仕掛品、Method＝製造方法）を基本とし、新製品開発段階では設計面と生産技術面、製品量産後ではハードウェア面とソフトウェア面でそれぞれとらえます。

重要な点は、設計面では納期意識が挙げられます。設計仕様の確認作業は、いくら時間があっても足りません。特に新規市場開拓製品は工程設計と並行して作業（コンカレント・エンジニアリング）を行い、後戻りしない仕様決定で時間短縮を図ります。

要点BOX
- ●マーケット・ミックスやプロセス・ミックスの関連性を理解しよう
- ●マーケット・ミックスをにらんで対策しよう

生産期間の短縮

生産期間とは

1. 新製品開発段階　(設計＋調達＋製造)期間
   - (金型・治工具・設備含む)
2. 製品量産段階　(購買＋製造)期間
   - (部品の在庫ロス少量化)
3. 製品切替段階　(購買＋製造)期間
   - (設定変更含む)

←織り込んでおくこと

生産期間短縮のポイント

1. 段取り替え時間の短縮(製造部門、管理部門とも)
2. 標準化・共通化・データベースなどの促進
3. ハード対策の重視(柔軟な対応を生む余裕の確保)
4. FA化・OA化への取り組み
5. 全部門の連携の強化(チームワーク)
6. 事前対策の重視(問題点の先読みと事前対策)

新製品開発段階の生産期間短縮

設計面	人	納期意識 方針の明示、チェック修正の指示ができる管理者
	設備	設定変更情報の伝達、コンカレント・エンジニアリング
	材料・部品	設定変更情報の伝達、コンカレント・エンジニアリング
	管理・システム	設定変更情報の伝達、コンカレント・エンジニアリング
生産技術面	人	工程設計能力の向上
	設備	設備・金型・治工具の短納期生産 ネック技術の事前予期と事前開発
	方法・管理	新技術情報の収集活用 初期管理の徹底

※量産段階の工夫分は除く

製品量産段階の生産期間短縮

ハード面の対策	人	管理スタッフの確保 多能工の確保　監督者・段取り替え工の確保 応援要員の確保(夜間・休日を含む)
	設備・建屋 (金型・治工具)	専用工場・ライン(夜間稼働工場) 混合工場・ライン(並行ライン) 特急ライン　FA化
	協力工場	並行生産 SCMの構築
	在庫 (製品・部品・材料)	適正在庫
	足長部品・材料 (ネック)	工程短縮・工程変更
ソフト面の対策	基準・標準	材料・工数　データベース 作業標準、設備管理規定…
	管理体制	品質管理…異常処理 工程管理…計画サイクル短縮・遅延対策・飛込対策 設備管理 設定変更管理

Column

「工程管理部」は必要ないのか？

「JIS Z 8141：2001生産管理用語」で、「1104管理」は経営目的に沿って人、もの、金、情報などさまざまな資源を最適に計画し、運用し、統制する手続およびその方法と記載があります。また「1102組織」は、経営活動を事業別、機能別、地域別に分割し、部門・部・課・係などの階層構造を形成し、（中略）有機的に結びつけて運用する構成、または構成体とあります。

「1215生産管理」では、財・サービスの生産に関する管理活動とあり、具体的にはQCDの最適化を図る活動（要約）を示します。狭義には生産工程における生産統制を意味し、工程管理ともいうとあります。工程管理自体に関する定義は、生産管理の中で生産統制のようなものとして扱われており、本書でも生産管理と工程管理の定義について解説ページを費やしたつもりです。

一般的に、製造において工程の生産統制を行う部門はどこでしょうか。①製造工程部門、②生産管理部門、③生産部門、④工場工務部門、⑤受注管理部門（営業部門を含む）が一般的な企業での管理部門となります。顧客から発注を受けて、生産やサービスを契約に従って提供しなければならない場合、生産工程を管理する必要が生じます。生産を担当する部門や受発注担当部門がやむを得ず担当することが多いわけです。

つまり、工程管理部門がない→工程管理の定義がない、もしくは曖昧だから→QCDの管理がされていないから→QCDが定義されていないから→QCDがわからないから、という「なぜなぜ解析」結果となります。

なぜなぜ解析とは、現象を原因追及する方法の一種です。現象から始めて、なぜを5回繰り返すことで原因にたどり着く方法です。コツは、原因を人にしないことです。

QCDを管理する必要性や理由がわかっていないと、工程管理責任が曖昧になります。どこかがやるだろう、誰かにやらせておけという対応になります。明確な担当部署がなくても管理できるだろう、というのが根底にあると思います。近年ではIoTが進展しています。生産統制技術が飛躍的に発展していますが、これらはツールですから、使う側がQCDを管理するための工程管理とは何かをしっかり理解しておく必要があります。

第2章

工程管理の位置づけを知ろう

10 企業利益との密接な関係を理解しよう

付加価値とは

企業は生産活動（製造業・サービス業を問わず）で付加価値を増加させ、顧客に付加価値を提供して対価を受け取り、そこからかかった費用と税金を支払い、残りを自由に処分できる利益を得ます。その利益から、資金を提供してもらった資本家や貸主に資金を返したり、提供した資金に見合った利益を還元したりします。残った利益は企業内で自由に使え、将来に向けた投資に回すことも可能です。

利益の源泉となる付加価値とは、顧客や市場が欲しいものやサービスに相当します（1項を参照）。製造業が営業利益を獲得するまでの流れで説明すると、まず売上から製造原価が引かれます。そこから、営業や開発、企業の維持にかかる基本的な費用が差し引かれます。製造原価には、材料費や加工費用が含まれています。製造原価が発生する場所は工程です。つまり、付加価値は工程で織り込まれることになるのです。企業利益が発生する流れを確認すると、工程こそが付加価値の生み出す場所であり、利益の源泉であると位置づけられます。

工程管理が失敗すると、たちまち利益が減少するだけではなく、売上力の原動力であるブランド力が損なわれます。すなわち、市場から信用されなくなった商品に、適正な対価を支払う市場や顧客が減少していくことになるのです。こうして、利益が減少していく負のスパイラルに陥ります。

工程管理は、計画された以上のことはできません。工程で付加価値を織り込むための管理は、「計画された管理の実行」です。計画は実行結果で見直しを受けてブラッシュアップする必要がありますが、行き当たりばったりの計画見直しは避けるべきです。理由は、2次災害を招く恐れがあるからです。

工程は企業利益の源泉であって、それに向かってムダなく、ムラなく、ムリなく計画・実行されることが大切です。

要点BOX
- ●利益の源泉となる付加価値
- ●工程で付加価値を織り込むための管理は、「計画された管理の実行」

企業活動とは

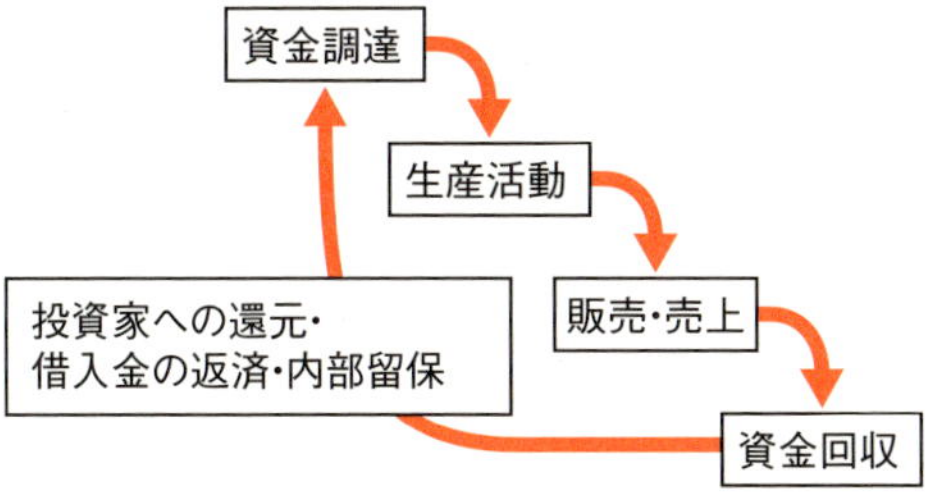

企業の利益の構造（製造業）

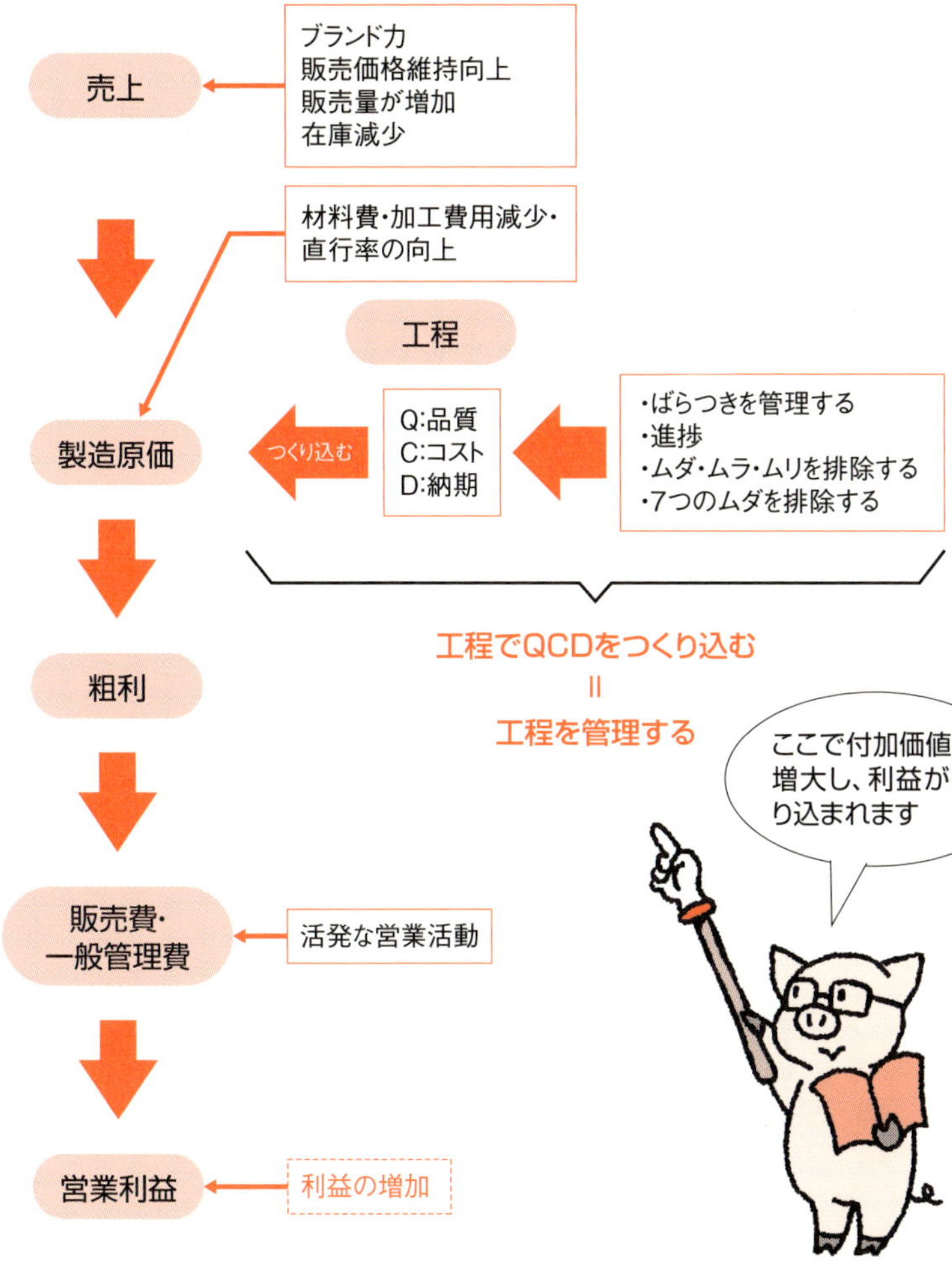

11 売上増・製造原価と企業利益との関係

利益から見たQCDを意識しよう

　工程管理を担当する管理監督者は日々の業務に追われ、自社の利益へ果たす役割を忘れがちです。Q（Quality）品質、C（Cost）コスト、D（Delivery）納期と、利益の関係を整理しておきましょう。

①Q（Quality）：品質

　利益との関係は、品質コストで表します。品質もコストにおいて重要な要素です。「品質管理にかかるコスト」と「品質にかかる損失コスト」があり、その総和が品質コストです。言い換えれば、予防コストと失敗コストのバランスが成り立ちます。

　不良を1つも発生させないとすると予防コストは上昇し、逆に予防コストをかけない場合は、失敗コストとして高い代償を支払うことにもなります。昨今では安全に関するリコールが多発していますが、企業の存続も揺るがしかねないことになります。

　2つの関係は二律背反（トレードオフ）となるため、バランスをとるポイントが重要です。これを最小品質コストと呼びます。その絶対値は、例えば人命に関わるような製品の場合は比較的高くなります。さらに、企業ブランドとして致命的な影響が発生する製品も、同様に高くしておきます。これらはすべて品質ですが、最終的にはコストに算入されます。

②C（Cost）：コスト

　売上高＝変動費＋限界利益（固定費＋利益）です。変動費は企業の外に出ていく費用で、売上に比例します。例えば、タクシーならガソリン代に当たります。固定費は、運転手の給料や車のローン費用などです。工程においても、労務費や材料費など直接的・間接的に費用を使います。

③D（Delivery）：納期

　単なる納期管理だけではなく、工程およびその前後に進捗管理コストが発生します。QとDからCへコストのつけ替えが可能です。最終的にはすべてC（Cost）：コストで評価されることになります。

要点BOX

●品質コストを検討しよう
●品質も納期管理もすべてコストに換算されて評価する

工程管理で利益を出そう

Q 品質

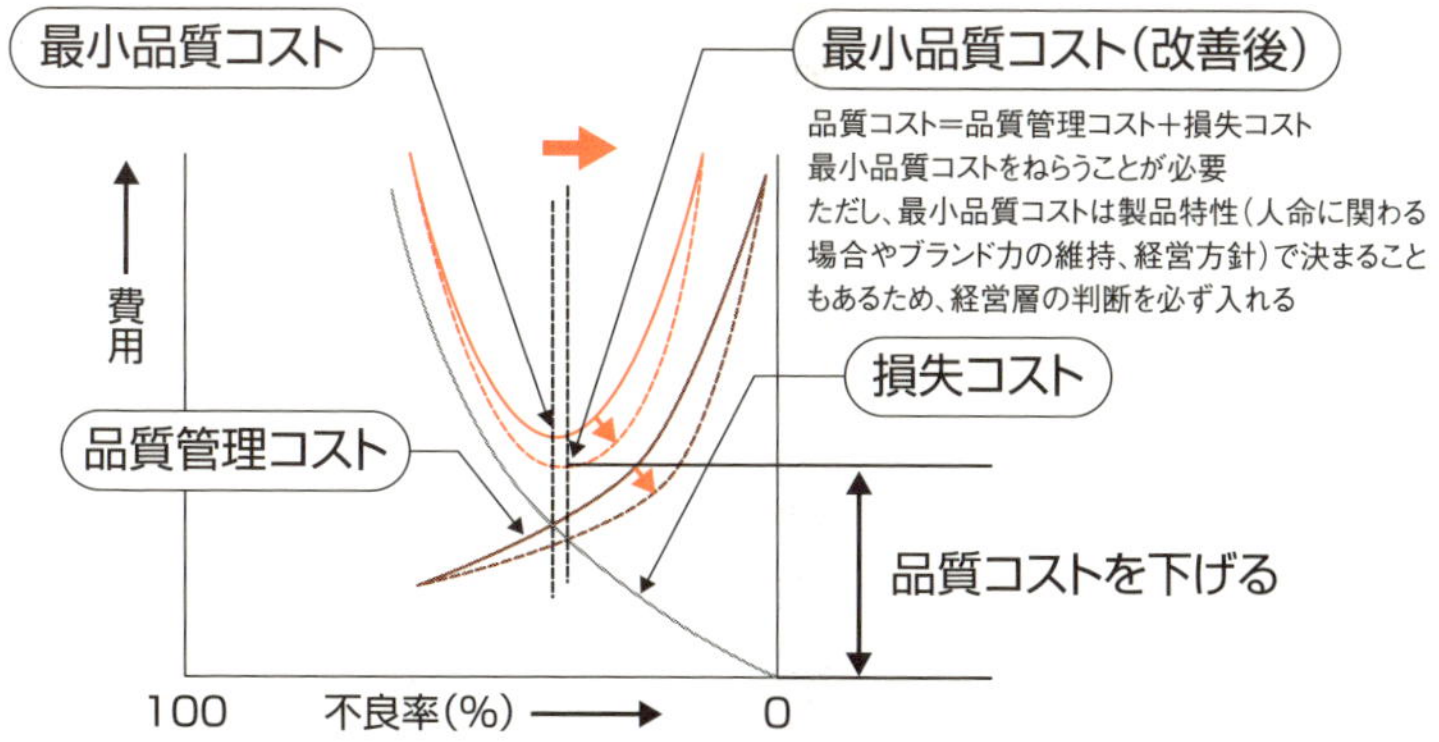

不良率は等間隔ではなく、0%側は誇張してある

C コスト

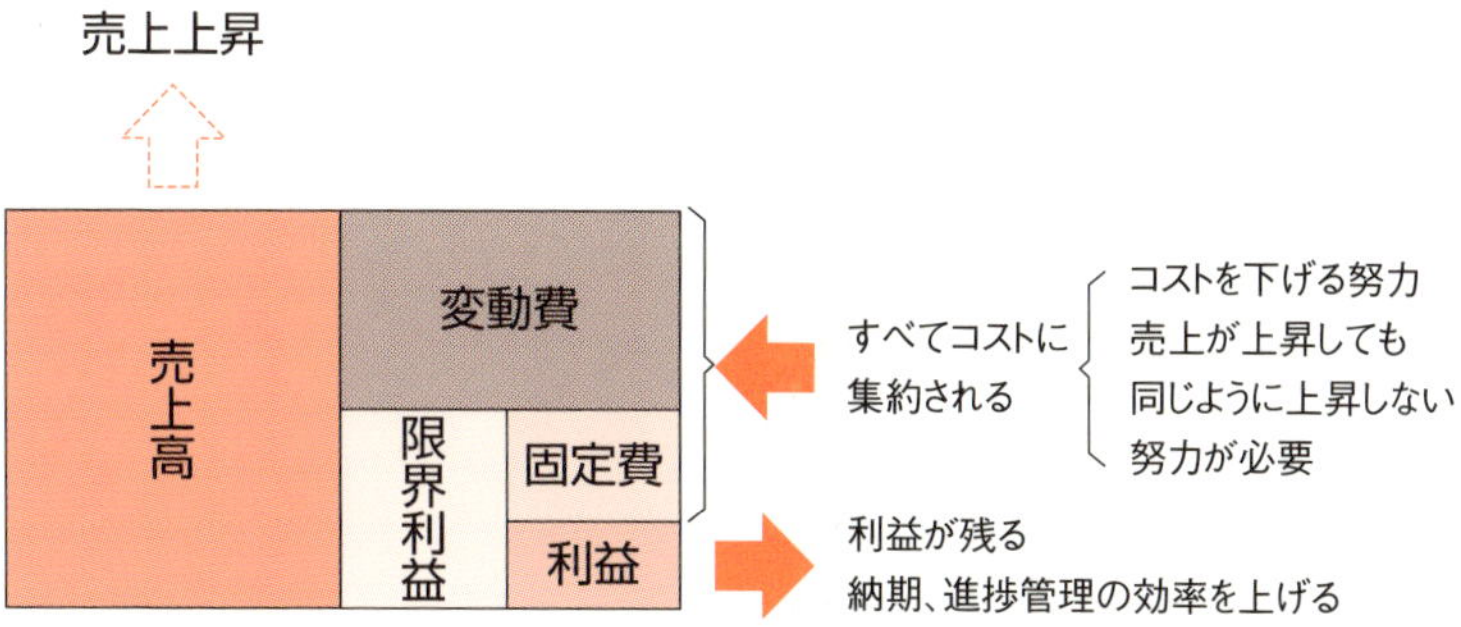

D デリバリー

ポイント項目	実行内容
納期の確保	・納期達成率管理・進捗管理・ボトルネックの把握と解消・各工程の基準日程管理・受注情報の精度向上
生産期間の短縮	・基準在庫の適正化・停滞期間の短縮・段取り替え時間の短縮・ロットの適正化(最小化)・調達期間の短縮化
生産の安定化	・変動の吸収＝フレキシブルな生産体制の確立・変動の最小化
各工程の稼働率の向上	・材料、仕掛り、製品のムダの排除・外注加工のムダの排除・設備の稼働率向上(可動率も向上)・人員の手待ちのムダの排除(IEの活用)

12 利益に貢献できる工程管理とは

QCDのバランスをとる仕組みを理解する

工程は付加価値を増大し、販売することで使用した費用を回収し、利益にするシステムです。付加価値は工程で織り込まれ、その費用を品質・納期コストを含めてバランスさせることが大切です。

①品質面

自工程の能力を把握し、管理が規定範囲内にあるかを確認します。管理図を記入し、定められた基準値を超えていないか、超える兆候はないか、異常な傾向はないかを管理します。管理図を記入すれば管理は終わり、ではありません。管理図に記入することは、管理一連の作業の始まりと言えます。

工程管理はロットを管理します。ロットの定義については、変化点（工程のばらつきの要素である4Mの変化）で区切ります。その変化点であるロットの品質が確かであるという確認作業が、初終わり物確認です。試料数は工程管理の負担を考えて適量にしますが、手抜きは不良品の流出という重大事故に直結します。

変化点管理は、SCMが複雑な現代では管理の肝です。変化点には発生後と予測があり、極力予測変化点管理（情報を事前取得して待ち構える）にします。そのためには「全社的工程管理」を推進できる体制が必要です。

②計画・維持面

生産計画、設備管理、5Sが該当します。これらは生産管理の範疇に含まれることが多いですが、自工程でも重みづけをして行います（6項を参照）。

設備が故障しかけていることに気づかない、納期遅延で前工程から投入され、自工程で十分な生産リードタイムが確保できないなどはコスト、特に品質コストを悪化させます。不具合が生じてからの対応や再発防止は多大なコストがかかり、納期にも影響します。水面下に隠れている管理の不良の芽を、早期に発見して取り除くことです。

要点BOX
- 工程管理には品質面と計画・維持の両方の側面がある
- 水面下に隠れる管理の不良の芽を取り除く

工程管理を司る2つの側面

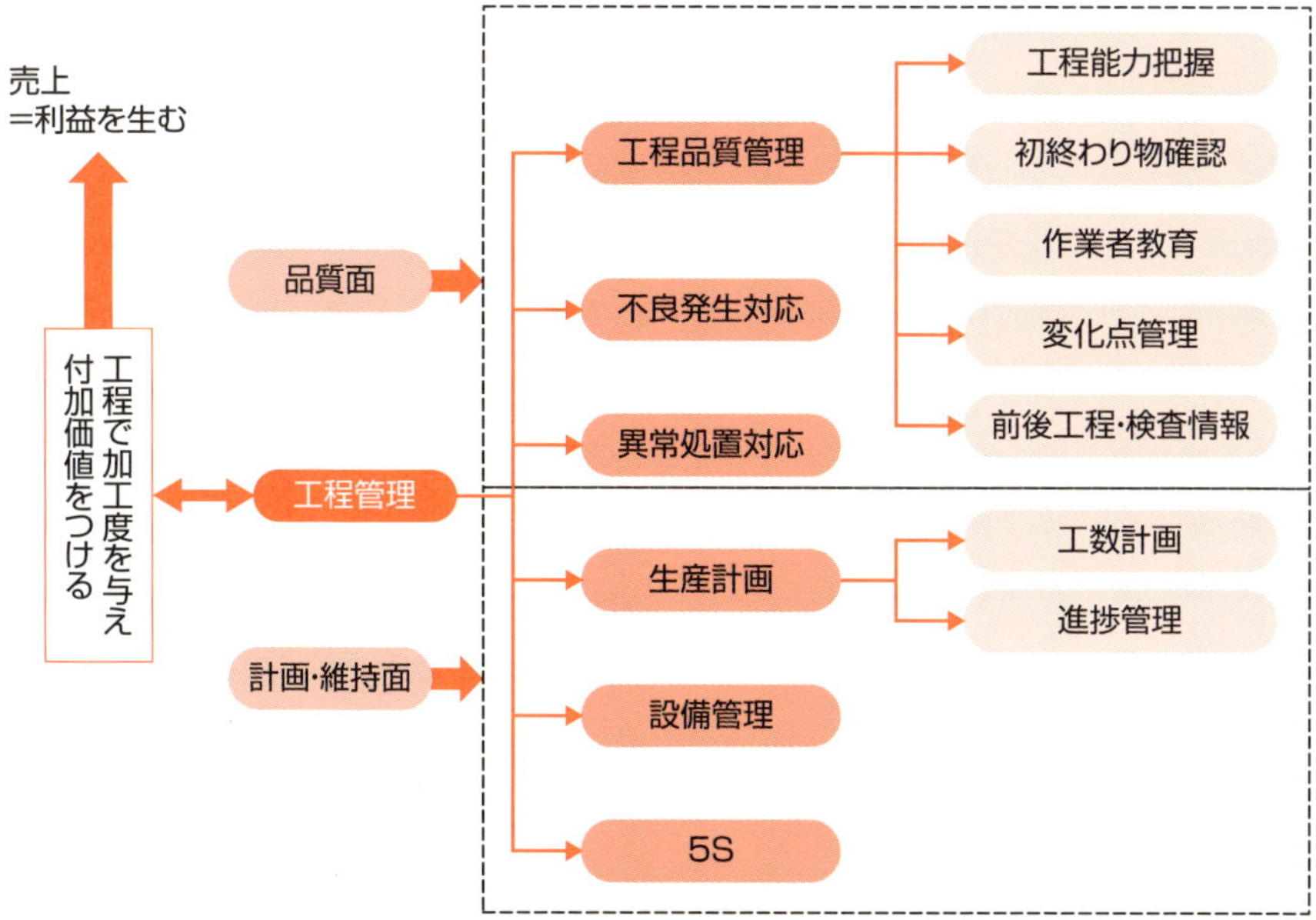

管理の不良を早期に発見

保険会社のハインリッヒが労働災害の経験則としてまとめた
労働災害も、品質不良も、水面下の災害の芽に目を向けることが必要な点が着目される。工程管理においても、この経験則は意識しておきたい。工程管理が成功している職場には労働災害も少ないという経験則があるように、管理の基本は同じである

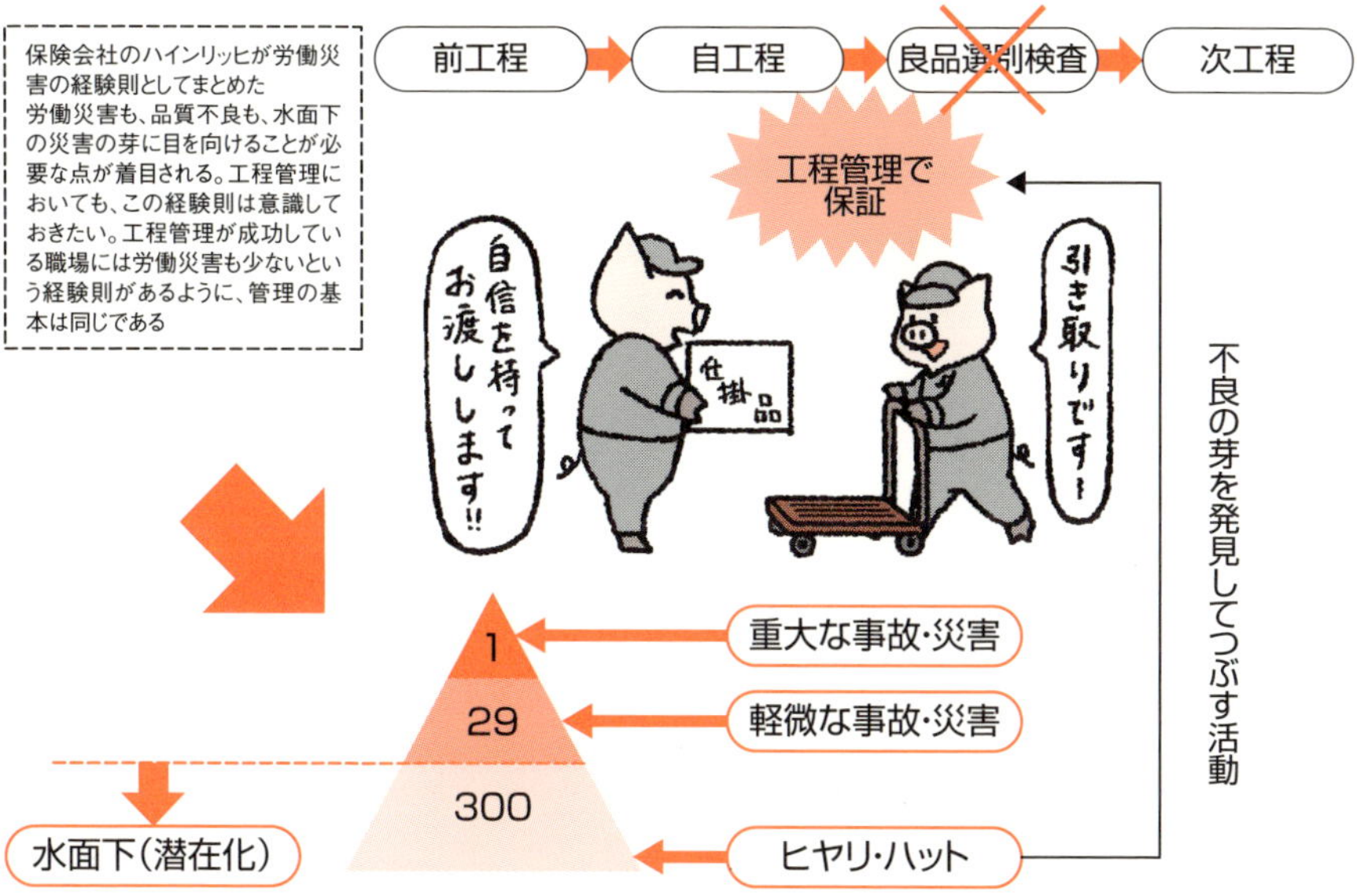

13 予算管理とは何か

利益の源泉である工程管理と利益計画の関係

企業は利益を生むことで存続できますが、行き当たりばったりの経営をすると、コンペティターや他分野からの参入・台頭を招き、市場から追い出されてしまいます。農家は数年先を見据え、何をつくれば売れるか作付けを決めて、土地の改良に着手しています。企業も同様に土地を耕し、種を植えて育てることに地道に取り組みます。その計画に沿って、経営資源（人・もの・金）を投入するのです。

多くの企業で経営理念が制定されており、おおよそ3～5カ年程度の計画を立て、1年単位で具体的に進められます。ここには数年先まで方向性が示されていますから、目先の管理以外にも、数年先に実現しなければならない課題を解決することになります。それが予算管理です。予算は仮説です。実行されれば、仮説の検証がなされます。成功しても失敗しても次に生かすことが求められ、ＰＤＣＡ（Plan→Do→Check→Action＝管理のサイクルという）を回します。

短期経営計画（1年）が実行計画となります。その中で、工程管理の結果も問われます。予算には売上高、製造原価、在庫額、間接経費（営業経費など間接部門の労務費経費や広告宣伝費、旅費交通費、運送費など）が決められ、その年の利益計画が決定されます。予算以上に工程に費用をかけると、予定の利益が出せなくなります。自工程の管理の失敗が検査で発現したり、顧客や市場で発生したり（流出不良）、納期遅延による受注のキャンセルや遅延損害金の補償が起きたりするなど、工程管理は利益に直結する最も重要な管理を受け持っています。

中期経営計画においては、工程管理のレベルアップや新規市場開拓に伴う工程管理の構築もあります。工程の管理と利益計画の関係をよく理解して、管理の維持向上を目指しましょう。

要点BOX
- ●中期経営計画・短期経営計画（1年）がある
- ●短期経営計画に従った工程管理が必要
- ●PDCAで短期や中期のレベルアップを

予算管理とは

企業の利益計画に従って、人·もの·金を適切に使って
最大限の利益を得る活動を行うこと

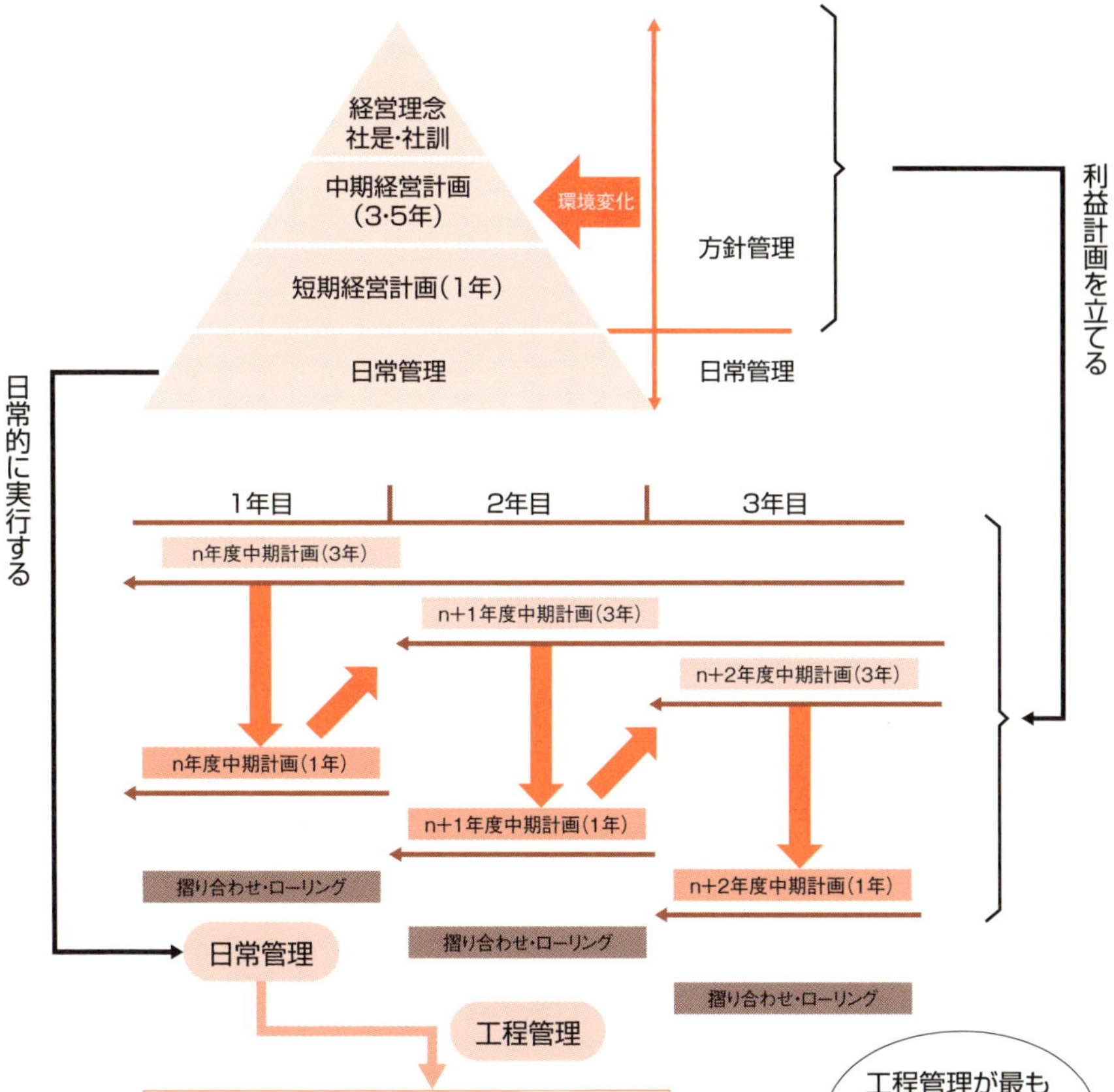

·材料費＝投入材料、前工程仕掛品、外注加工品
·労務費＝直接労務費、工場間接労務費
·経費＝電力、燃料費、仮建物の償却費、修繕費

QCDを最適にコントロールするために
これらの経営資源(人·もの·金)を効率良く使って
効果を上げることが求められる

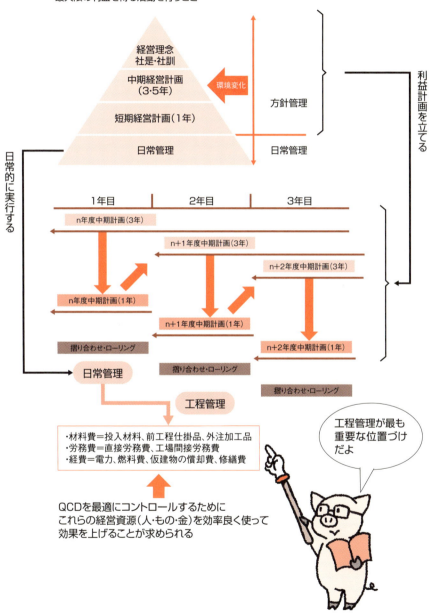

14 予算管理と生産計画の関係を理解しよう

固定費は少なく平均的に維持する

企業の予算管理において、予算立案段階でまず決めなければならないことは、受注数量と負荷計画です。つくり切れないほど受注する一方で、逆に受注が少なく閑古鳥が鳴くときもある状態では、利益を確保する予算が立てられません。

予算計画段階では受注量を極力平均化し、固定費である労務費は一定で持つことで、最も効率の良い予算を目指します。しかし、実際には平均化した受注量の期待値より、常に増減があります。商品に季節性があったり、予想外のヒット商品になったり逆に売れなかったりする場合があるためです。

学生服業界の例で説明しましょう。試験があり、入学者数が決定するのは2~3月です。入学式は4月初めで、業界は真夏の頃から標準的なサイズを揃え始めます。問題はサイズです。平均体型は多く、そこから外れる体型は少なく生産量を見積もりますが、合格者に大柄な学生が増えた場合は、そのサイズを大至急増産しなければなりません。このように、自社の都合で決まらない変動は少なくないのです。

予算上は、年間通じて平均化して立てておき、前述した変動要因を読み込みます。繁忙期間を残業や休日出勤で対応するか、臨時雇用を増やすか、外注応援を求めるかで工程もコストも変わります。

予算で年間を通していつ、どの程度、どんな負荷の商品を受注するかは計画のスタートに不可欠です。ところが、前年実績から推定して、とりあえず準備をすることが多く見受けられます。これは「来ちゃった管理」であり、反対に予測しすぎる「オオカミ少年管理」のどちらでも、予算にムダ・ムラ・ムリが多発します。

適切な生産計画を立て、適切な工数計画で受注を待ち構えます。工程管理を計画・実行する上で、固定費を極力少なくすべきです。工程管理としては極力、「来ちゃった管理」は避けるべきです。

要点BOX
- ●「来ちゃった管理」と「オオカミ少年管理」、どちらもムダ・ムラ・ムリが多い
- ●適切な生産計画・工数計画で受注

予算管理と生産計画の関係

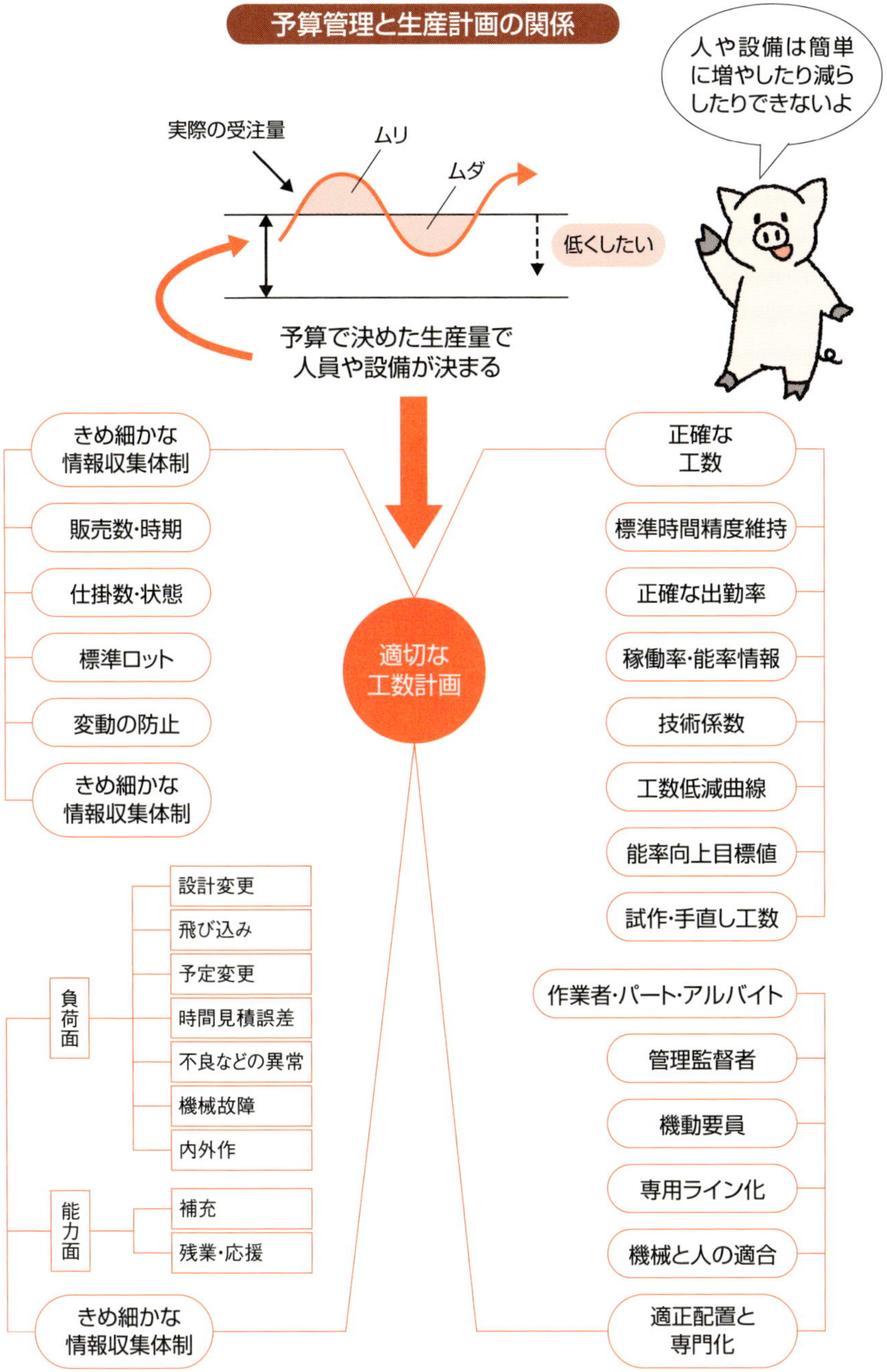
人や設備は簡単に増やしたり減らしたりできないよ
実際の受注量
ムリ
ムダ
低くしたい
予算で決めた生産量で人員や設備が決まる
適切な工数計画
きめ細かな情報収集体制
販売数·時期
仕掛数·状態
標準ロット
変動の防止
きめ細かな情報収集体制
正確な工数
標準時間精度維持
正確な出勤率
稼働率·能率情報
技術係数
工数低減曲線
能率向上目標値
試作·手直し工数
負荷面
設計変更
飛び込み
予定変更
時間見積誤差
不良などの異常
機械故障
内外作
能力面
補充
残業·応援
きめ細かな情報収集体制
作業者·パート·アルバイト
管理監督者
機動要員
専用ライン化
機械と人の適合
適正配置と専門化

15 生産計画の基となる受注計画を知ろう

受注計画の精度を高める

生産計画は、受注側から見た予算管理上の固定費の効率的な運用を図るために立案し、利益を確保する方策をあらかじめ決定する管理を言います。判断のもととなるデータは受注計画となり、基本的な受注の流れに沿って立てます。新規に引き合いから始まる新製品もあれば、すでに繰り返し受注段階に入り、一定量を見込める製品もあります。また、新規引き合いは繰り返し受注製品の代替製品か、まったく新市場向け製品か新製品かで異なってきます。

受注の情報発信元は、新製品か繰り返し受注製品かで異なります。新製品の場合は、顧客の購買や設計開発企画部門からの試作依頼、検討依頼、見積依頼で始まることが多く、繰り返し受注製品はかんばんやEDIなどの物理的もしくは電子情報で、直接工場から指示されることが多くなります。繰り返し生産の場合は、生産リードタイムが必要なため、あらかじめ情報が発信されることが多く（内示情報や仮発注など）これらは生産指示ととるか、情報として扱うかは曖昧なことが多いです。

下請法（下請代金遅延防止法）では、発注に際して見積書に基づく発注書面の作成が義務づけられていますが、電子化の時代で書面を交わした受注はタイムリーではなく、顧客と電子受発注システムを構築する場合が増えています。ただし発注時点の曖昧さは常に存在し、事前情報に基づいて材料を仕入れたものの、実際の発注数が大幅に減少することは頻繁に起きます。生産管理上で最も管理が難しいのは、生産計画の基となる受注計画と言えます。

生産計画は予算であらかじめ設定した仮説となりますが、受注計画はそれを修正して、購買・工場・工程・管理部門をすべて動かす指示となります。生産計画の変動は、予算計画ですから振れ幅は想定範囲内であっても、受注計画の精度を高める必要があります（30・31・32項を参照）。

要点BOX
- ●あらかじめとれる情報の活用
- ●受注時点を明確にしよう
- ●受注計画の精度を高めよう

新製品引き合いから受注生産までの流れ

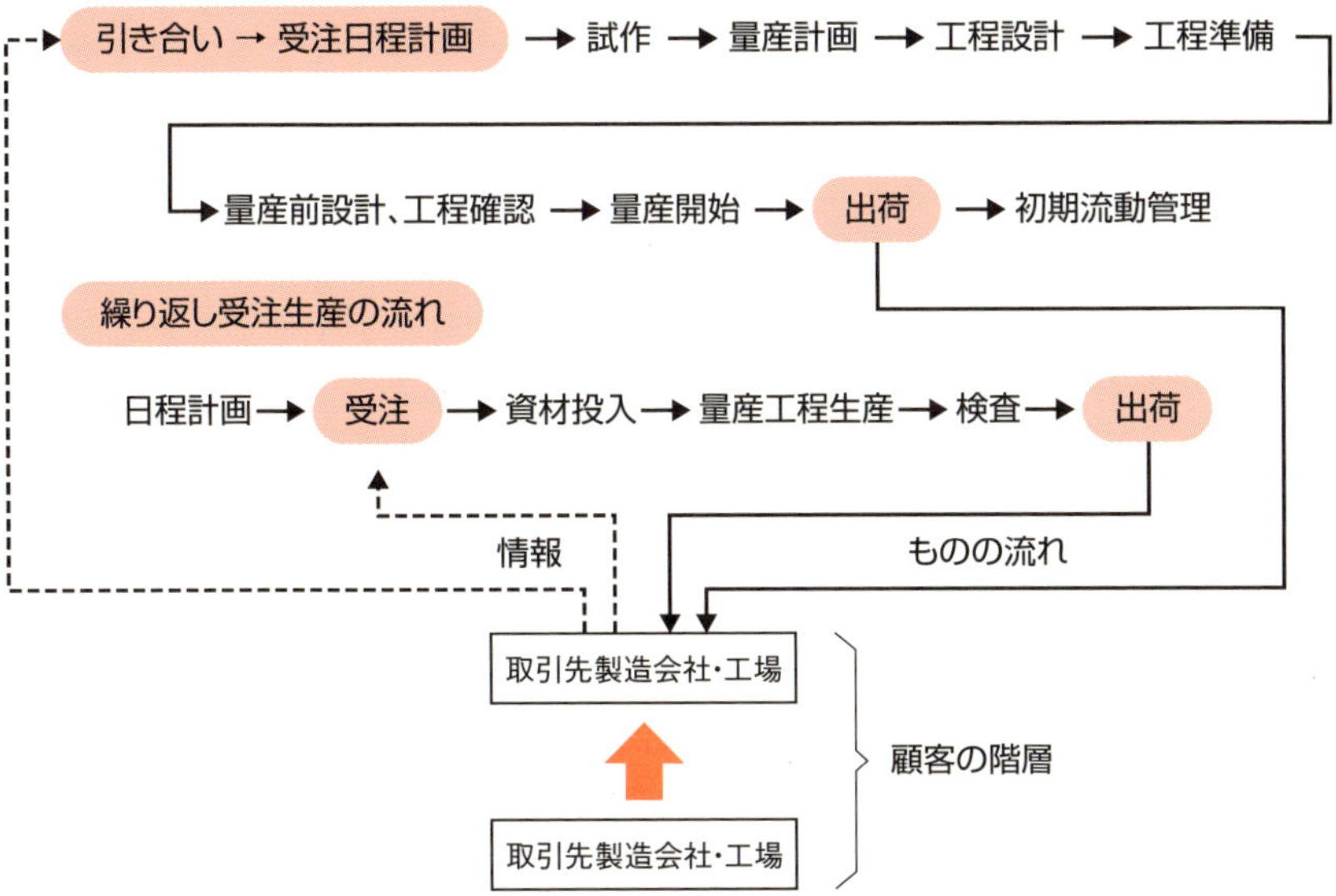

SCM（サプライチェーンマネジメント）の構造

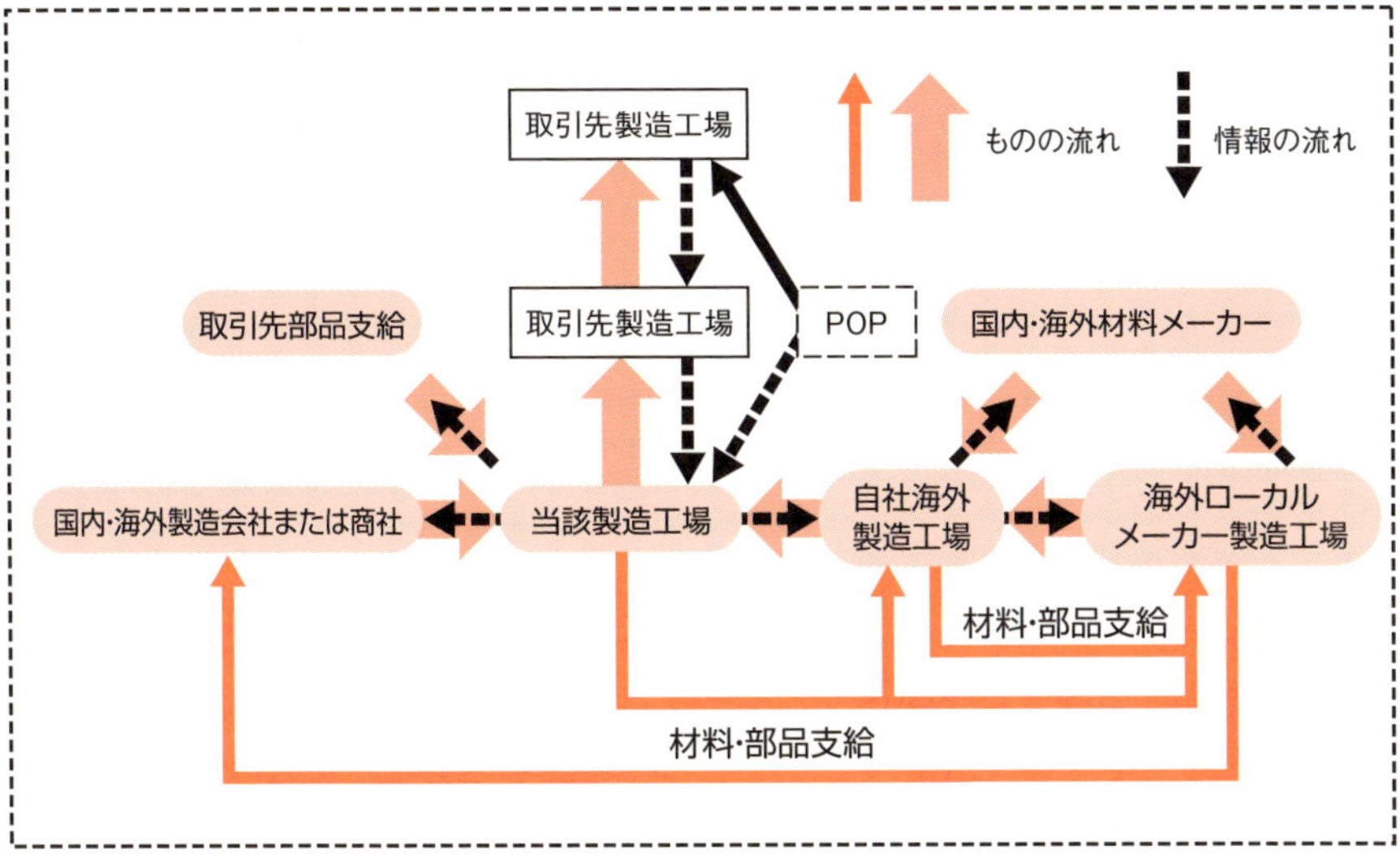

Column

広義と狭義の工程管理:こだわりのラーメンはうまいか?

第1章で述べましたが、生産管理の狭義の意味として「工程管理と定義される」とあります。その理解を深めるために、本文では「付加価値」という言葉を紹介しています。簡単に言うなら、素材や製品に加工を与えて、加工度を上げていく作業です。では、やみくもに加工度を上げれば付加価値がつくかという問題に突き当たります。

巷で「こだわりの○○ラーメン」や「がんこオヤジの○○ラーメン」などのコピーを見かけますが、無愛想なだけだったり、やたらと待たされたり、値段の高さで期待したほどではない店もあると聞きます。

なぜ、そんな店ができてしまうのでしょうか。それは、付加価値を見誤っているからです。顧客が求めているラーメンが何かを、つくり手の思い込みだけで判断しているのでは、決してうまいラーメンにはなりません。つまり、ねらいの品質が押さえられていない状態だから、QCDの最適化工程ができていないのです。顧客の期待値を当てることに失敗すると、それ以降の工程管理をいくら精度良くしても、顧客満足は得られません。

店を展開している地域の風土、気質、客層、最近のラーメンに対する嗜好を検討して追随するのか、逆にニッチ（隙間）をねらうかを決めてレシピを練り上げます。一日の売上げ予測と、材料費や加工費、利益や固定費を考えて、試食やテスト販売をして、ねらいの品質に修正をかけます。

販売ピーク時間帯の対応方法（応援など）、接客方法、お勘定の支払方法、店の清潔度についても同様です。お客さんが入店してお勘定を済ませ、また来たいと思わせるかどうかです。

そのレシピは、店が忙しかろうが暇だろうが、しっかり守ることが必要です。店も、店員も、接客方法も決めた通りに守ります。これらは工程管理です。こだわり方を間違えないことです。

第3章

効率の良い工程管理を構築しよう

16 効率の良い工程管理にするためには

新製品の引き合いから量産立ち上げ段階で行う

工程管理は、大きく以下の2つに分かれます。

①新製品の引き合いから量産立ち上げ段階

②量産開始後、安定生産に入った後の段階

一般的に工程管理は、②の量産安定期の維持管理が対象とされます。しかし、量産安定期がベストな工程かどうかを保証するには、①の構築が必須です。一見、安定している工程が実は生産性が悪く慢性不良で、品質クレームを抱える状態で放置されているという場合があります。

効率の良い工程管理を構築するために大事なことは、工程設計段階による十分な検討です。近年は製品寿命が短く、市場への製品投入がいち早く求められ、製品開発→工程設計のスケジュールでは十分な検討期間がとれません。そのため、製品開発と並行して工程設計を行うコンカレント・エンジニアリング（SE＝サイマルティニュアス・エンジニアリングともいう）を採用します。その過程で工程管理部門も参画し、製品設計につくりやすく、製造原価にムダなコストを費やさない工程を組み立てます。工程計画・設計の立案から量産、その後の初期流動期間までの中で織り込む要点を整理しておきましょう。

7つのムダとは、「つくりすぎのムダ」「手待ちのムダ」「運搬のムダ」「加工そのもののムダ」「在庫のムダ」「動作のムダ」「不良をつくるムダ」を指します。IEを駆使し、これらを上手に排除することが求められます。また、人間は必ず間違いをするとの視点から、誰もが漏れなく作業を行えるようにポカよけ・目で見る管理を実施します。

一方で、5Sを行いやすい工程設計も大切です。工程管理には設備管理も含まれますが、整備の行き届かない工程では故障が頻発し、生産性や品質が悪化します。計画段階での問題の発見とつぶし込みは、過去トラ（過去の失敗事例）などの資料に整理されているかどうかが成否を分けます。

要点BOX

- ●製品開発と並行して工程設計を行う
- ●5Sが行いやすい工程設計も大切
- ●過去トラの整理で再発防止

効率の良い工程管理の進め方

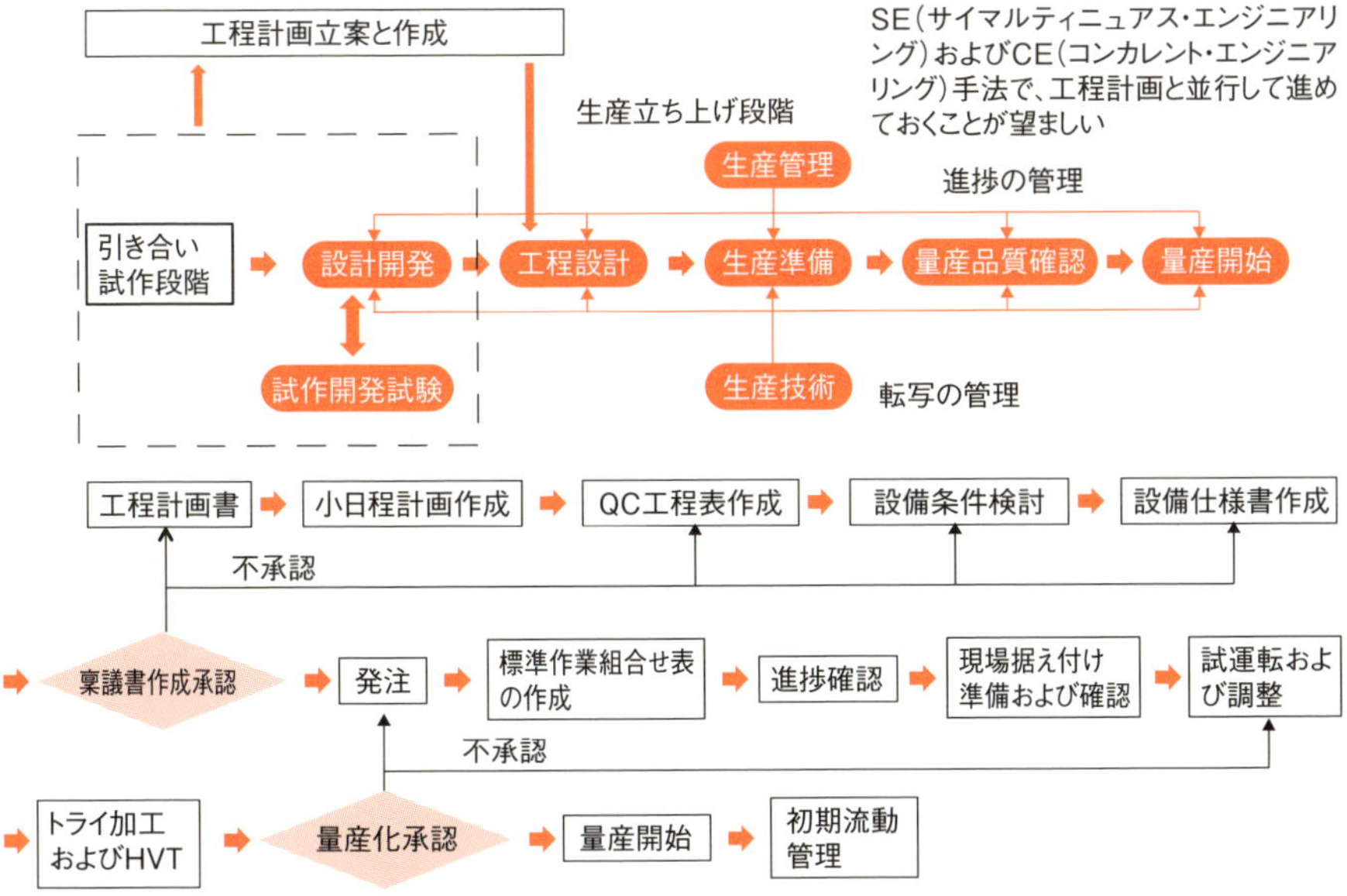

工程設計時のチェックポイント

	P	Q	C	D	S	M
	Productivity	Quality	Cost	Delivery	Safety	Morale
	生産性	品質	コスト	納期	安全	やる気
要求事項は満足しているか	○	○	○	○		
ポカよけ・目で見る管理は組み込まれているか	○	○			○	○
7つのムダに配慮したか	○	○	○	○		
生産必要数の70%で成立するか	○	○		○		
工程バランスはとれているか	○					○
安全に配慮しているか					○	○
5Sが行いやすい工程にしたか		○			○	○

注1　○は特に関連が高いもの
注2　7つのムダとは、①つくりすぎのムダ、②手待ちのムダ、③運搬のムダ、④加工そのもののムダ、⑤在庫のムダ、⑥動作のムダ、⑦不良をつくるムダのこと
注3　生産の平準化は必要であるが、生産の増加増減に±20%は対応できる工程が望ましく、工程設計時に配慮すべき項目である

17 効率とは何かを理解しよう

少ない労力でより大きな成果

工程管理における効率と生産性は関連が深いと言えます。ＪＩＳ Ｚ ８１４１で、１１０９効率、１２３８生産性が定義されています。

生産効率は、単位入力エネルギーに対する有効出力エネルギーを表します。つまり、ロスを除いて測定するということです。例えば同一工程において、作業者と作業時間が変わらないとき、生産量が増えた場合は生産性が向上したと言います。そのため教育訓練を行ったり、設備改善や作業方法の工夫をしたりなどで、工程管理者は努力が欠かせません。

ところが、生産量がクローズアップされ過ぎると、投入条件を考えずに出力だけ着目してしまいます。その結果、手段が目的化し、本来の生産性や効率が達成できなくなることがあります。

工程管理の目的は、付加価値の増大を織り込むための効率を上げることです。言い換えると、より少ない入力で付加価値の増大を図ります。生産量の増大は、付加価値を増大させた商品のビジネスチャンス（売上拡大）が望まれるときの対応です。

トヨタ生産方式では、前項で掲げた7つのムダを戒めています。つくりすぎのムダが真っ先に挙げられているのは、最もムダなことだからです。さらに、加工そのもののムダとも言われています。より少ない加工で付加価値が増大すれば、効率の良い工程と言えるでしょう。

また、不良をつくるムダは、後工程に流すムダでもあります。工程を通過していくに従い、付加価値（加工度）は増大します。次工程の加工中に前工程の不良が発見されたら、そこまでの加工度がムダになり、最終検査ならムダも最大化するわけです。

生産管理および狭義の生産管理である工程管理は、ＱＣＤを適切にコントロールして付加価値の増大を図ることです。したがって闇雲に生産量のみを増大化させることは、ムダなことと認識すべきです。

要点BOX
- ●生産量の増大と間違わないこと
- ●7つのムダを織り込むこと
- ●付加価値の増大を織り込む効率を上げよう

工程管理における生産性と効率

生産性

$$\text{生産性}=\frac{\text{産出量(OUTPUT)}}{\text{投入量(INPUT)}}$$

JIS Z 8141-1238

$$\text{労働生産性}=\frac{\text{生産量(生産金額)}}{\text{労働量(従業員数)}}$$

$$\text{生産性}=\frac{\text{生産量・生産金額・付加価値}}{\text{労働量・投入資本・設備・原材料}}$$

$$\text{設備生産性}=\frac{\text{生産量(生産金額)}}{\text{設備量(機械台数)}}$$

$$\text{原材料生産性}=\frac{\text{生産量(生産金額)}}{\text{原材料使用量(金額)}}$$

$$\text{エネルギー生産性}=\frac{\text{生産量(生産金額)}}{\text{エネルギー使用量(金額)}}$$

生産効率

$$\text{効率}=\frac{\text{出力(有効エネルギー)}}{\text{入力(投入エネルギー)}}$$

JIS Z 8141-1109

$$\text{生産効率}=\frac{\text{出力(入力労働力ーロス)}}{\text{入力(労働力)}}$$

ムダの排除も織り込もう

7つのムダ

①つくりすぎのムダ、②手待ちのムダ、③運搬のムダ、④加工そのもののムダ、⑤在庫のムダ、⑥動作のムダ、⑦不良をつくるムダ

18 生産計画を立てよう

自工程の生産計画を立案

効率の良い工程管理を構築するためには、「全社的生産計画」が重要です（14・15項を参照）。全社的な生産計画をもとにした、工程管理内においても生産計画を用意しなければなりません。

生産管理部門が立案した顧客や市場に対応する生産計画は、全社的なSCMも含めて策定します。一方、工程管理では、生産計画は全社部門の生産管理部門に任せ、自工程に生産指示が発せられると、材料や仕掛品が投入された後に生産統制を開始することがよく見られます。しかし、生産計画がなければ、工数計画も余力管理もできません。工程管理者は、投入された量と納期を見て、経験で割り振りを行っています。全社的な生産管理と同様に工程管理でも、自工程の生産計画の立案を行うべきです。

全社の繰り返し生産におけるリードタイムが概ね0・5カ月なら、3カ月程度の生産計画を持つこと。その理由は、生産の増減に伴う工程整備や人員補充とその教育訓練期間が必要となるからです。目安は、材料購買にかかるリードタイムや工程整備期間によって、各社の事情を考慮して決定します。

自工程の所要工数（標準工数をもとに必要工数を算出）を計算します。精度は厳密でなくて構いません。むしろ、精度を上げるのに時間をかける方が問題です。在籍人員から工程に投入できる人員を割り出します。教育者の工数にもよりますが、普段からマルチオペレーター化に向けた教育訓練が必要です。

次に、工程の操業時間を延長するか、操業日数を増やすか、作業員の都合（残業が可能か）を検討します。工程には余力が織り込まれているはずですが、不十分な場合もあります。人員を確保しても、工程設備能力が負荷を超える場合は、工程の増設や一時的な外注応援も検討するなど、ムダのない工程管理を行いましょう。

要点BOX
- 自工程の生産リードタイムをきちんと把握しておこう
- 自工程の所要工数が計算できる

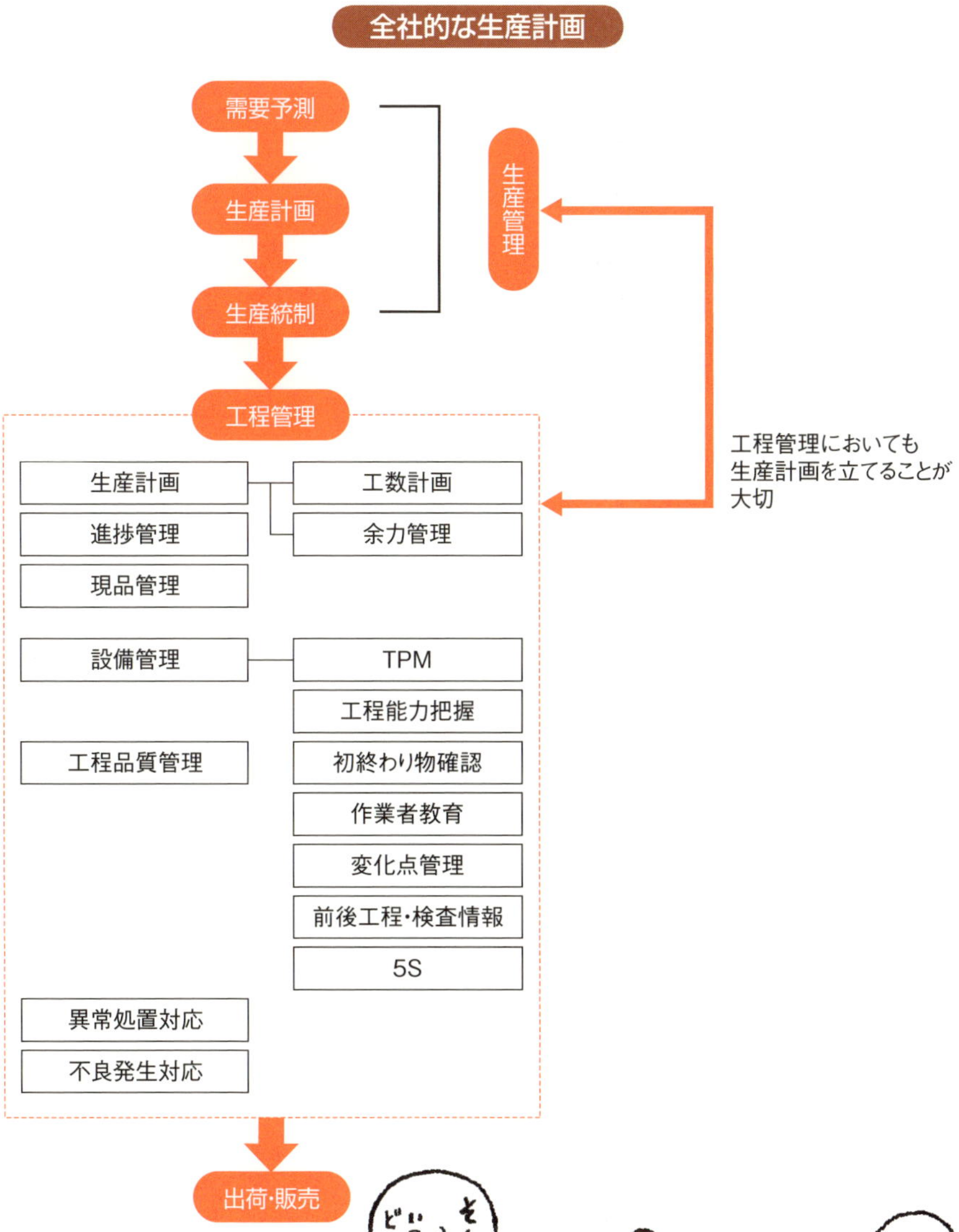
全社的な生産計画
需要予測
生産計画
生産統制
生産管理
工程管理
生産計画
工数計画
進捗管理
余力管理
現品管理
設備管理
TPM
工程能力把握
工程品質管理
初終わり物確認
作業者教育
変化点管理
前後工程・検査情報
5S
異常処置対応
不良発生対応
出荷・販売
工程管理においても
生産計画を立てることが
大切

予定よりも遅れているぞ!!
工程計画
そんなこと急に言われても いつまでに？ どれからするの？

19 余力管理がなぜ必要か理解しよう

余力を上手に活用する

工程管理における生産計画には余力管理が重要です（18項を参照）。全社的な生産管理の場合は余力管理も規模が大きく、融通が利く可能性が高いです。一方で、工程管理レベルでは対策案が限られてきます。工程管理者が生産計画を立てるべきとしているのは、余力が限定されていることが理由です。

実際の余力管理は、生産計画の工数計画の把握から始まります。ここでの重点は工数計画ですが、その次は余力活用です。工程改善の事例において、同工程で0・5工程削減したとの成果報告がなされても、実際の在籍人員は減少していないという結果になることがあります。余力が余裕に変わり、結局は机上の工数削減となってしまいます。

余力管理の王道は、実際に作業者を1人抜くことです。抜いた作業者の行き場がなくても、です。5S活動の成果としても、人を抜かないと余力は生まれません。さらに、計画を立てたら先に人を抜いてしまう力業もあります。ムチャはできませんが、ムリはすべきです。これを組織スラックの活用と言います。例えば、あずきを山盛り入れたボールに米を入れると、米の量だけあふれるはずです。実際には小豆の隙間に米が入り込み、隙間がなくなってあふれません。作業密度が増えたことになるだけです。

次に、余力管理のポイントの説明です。

①余力の活用：前述の浮いた工数で、他部門の応援に行かせたり教育訓練をしたりすること

②仕事量の調整：過不足分を工程内外の工数を活用する方法が一般的

③能力調整の計画的実施：稼働時間の調整やラインバランスを再検討してみるなど

全社的には、各工程の生産計画や工数計画、余力管理を討議調整する場所が必要です。企業として譲れないQCDがあり、経営層も参画した全体会議で調整し、部門間の余力按分や平均化が必要です。

要点BOX

- ●余剰工数は工程から実際に人を抜くことでカウントする
- ●全社的な調整の場を設けよう

余力管理の意義

人および設備の生産能力を最も経済的に稼働させ（能力と負荷のバランスを上手にとり）、仕事量を遅れることなく消化すること

正しい工数計画の立案	→	仕事の順位の明確化
賃率差情報も得ておく		最も効率的な順序・ロットなどの考慮

→

仕事の進遅状況の把握	→	余力計画のフォロー
現在の仕事の完成見込みもつかまえる		目標項目（管理項目）を決めてフォローする

→

余力の活用・仕事量の調整	→	余力計画のフォロー
状整況に応じて対処する		目標項目（管理項目）を決めてフォローする

→

余力管理体制の見直し
システムとしての問題点を見つけ改善案を立てる

余力管理のポイント

- 効果の上がる余力管理
  - 余力の活用
    - 生産部門での対策
      - 見込生産の繰り上げ・追加
      - 外注加工の内製化
      - 試作・改良品の促進
      - 治工具・設備の整備
      - 標準部品の生産
      - 他部門への応援
      - 教育訓練
      - QCサークル活動
      - 有給休暇の消化
    - 販売部門での対策
      - 見込発注
      - 納期調整
      - 安値受注
  - 仕事量調整
    - 生産部門での対策
      - 内製品の外注化
      - 他部門からの応援
    - 生産部門での対策
      - 納期調整
      - 選択受注
  - 能力調整の計画的実施
    - 稼働時間の増減〔出勤率・残業・パート臨時工 季節工・アルバイト・応援〕
    - 機械・設備能力の確保〔増設・交代制〕
    - 工程能力の均衡化〔ラインバランス・配転〕
    - 工程改善・作業改善〔ネックの解消〕
    - 情報精度向上

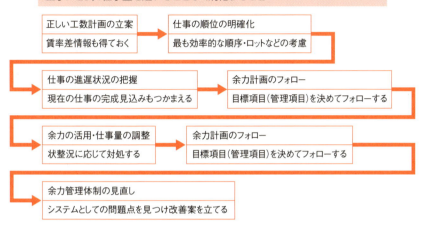

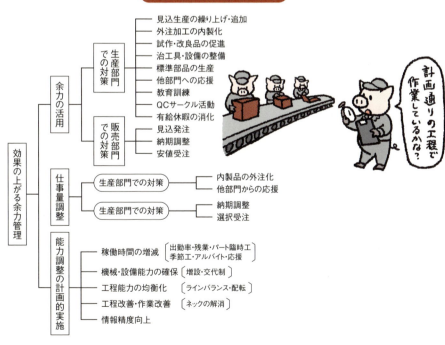

20 現品管理が必要な理由

探すムダはムダの始まり

ＪＩＳ Ｚ ８１４１：２００１の４１０２現品管理では、資材、仕掛品、製品などのものについて運搬・移動や停滞・保管の状況を管理する活動と定義され、現品の経済的な処理と数量、所在の確実な把握を目的とした管理です。

７つのムダのうち在庫のムダと動作のムダ、運搬のムダ、不良をつくるムダは現品管理を適切に行えば防げます。この場合の在庫は資材倉庫にある製品在庫はもちろん、各工程内にある中間製品、仕掛品、滞留品、不良による手直し待ち品すべてを含みます。

現品管理の出発点は、外部からの受入と払出です。生産計画が適切に実行されていれば、工程が欲しいときに欲しいだけ払い出され、工程に投入されますが、払い出し間違いや良品の払出品の中に異品が混入していると、工程は大混乱に陥ります。工程内の現品管理事例を以下に挙げます。

①投入・受入時の現品と品番、数量確認
②工程内一時保管時の現品の置き場管理
③工程内に投入する場合のピッキング管理を、最小限の歩数でピッキングし工程に投入
④工程切り替え時の現品の撤収と一時保管場所へ正しく戻すための管理
⑤一時保管場所から資材倉庫へ返品する際の品番照合と、正しく部品置き場に返品する管理
⑥工程から仕掛品を外注工場へ払い出し、受入時の品番、数量、品質管理。
⑦工程内で発生した不良品の隔離、および破棄する場合の処置管理と在庫修正管理

今、必要なものがどこにあり、どんな状態かを即座に正確に把握し、ムダを排除しましょう。最近ではＩＣチップなどに現品の所在を入力し、ＩｏＴでシステム化して現品管理と進捗管理を一体化した方式も出てきています。

要点BOX
- 管理の出発点は、外部からの受け入れと払い出しから
- IoTでシステム化も検討しよう

現品管理の対象

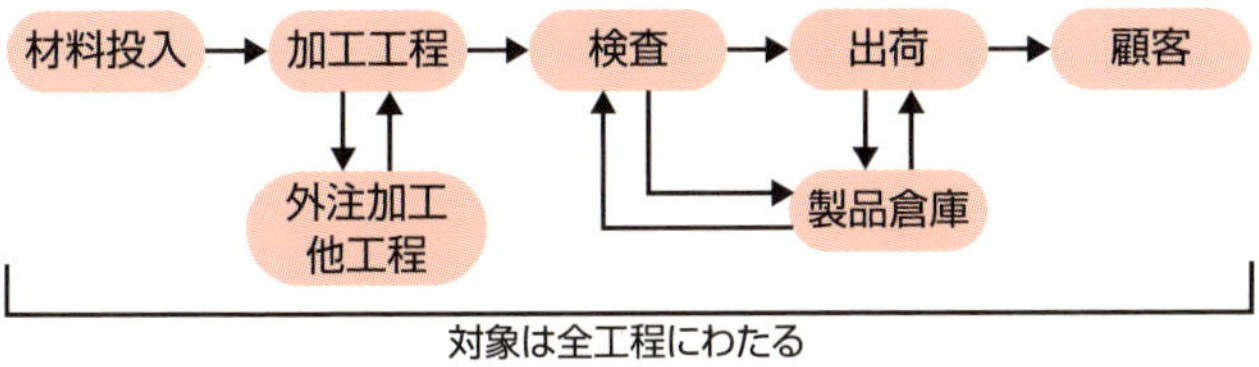

現品管理の重点　（倉庫・仕掛置き場の例）

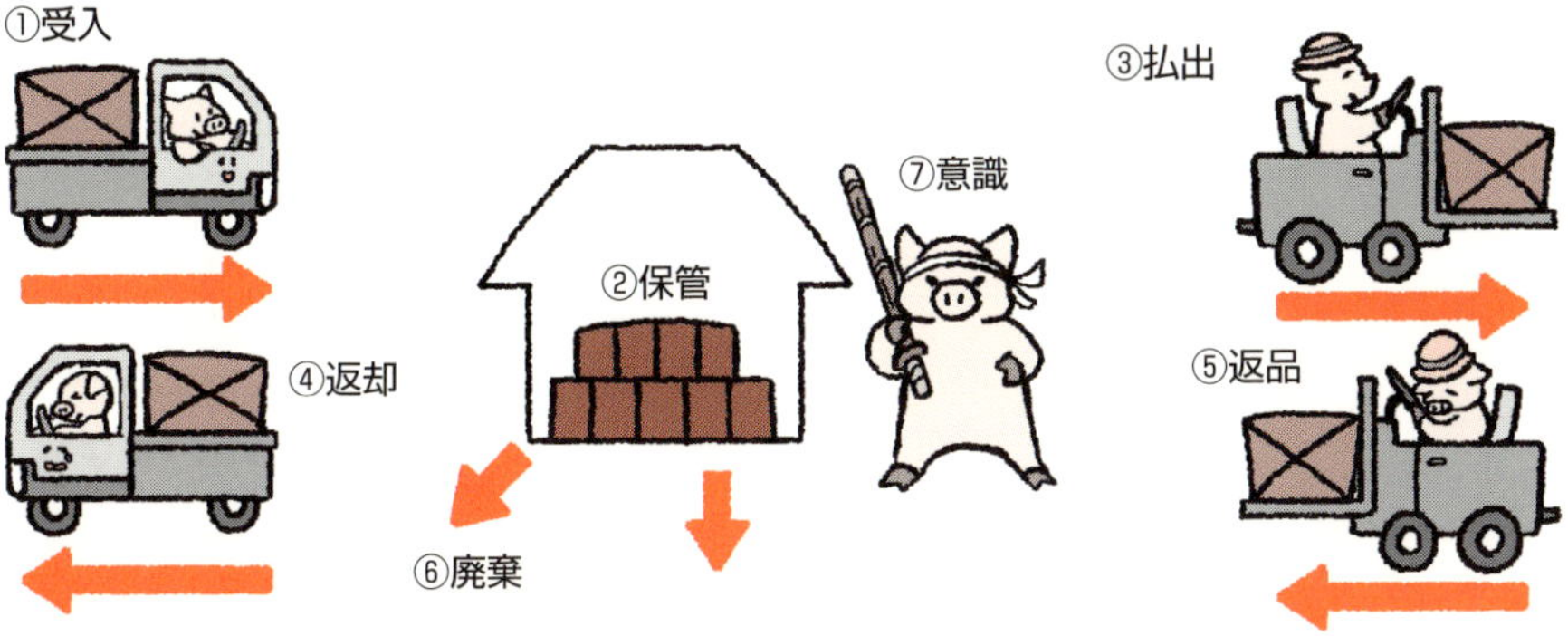

No.	入出庫処理	ポイント
①	受入	●数量・品質の確実チェック（前工程自動計数） ●受入体制（受入場所・時間・人・方法・設備・荷姿） ●受入者責任明確化
②	保管	●責任明確化 ●置き場所（所・番地の決定、量、質確保） ●移動部分の固定化、移動者の固定化 ●保管台帳整備 ●事故処理の確実化、数量調整は原因追及後 ●関連部署の協力、協力呼び掛け ●定期巡回棚卸しの実施（確実な棚卸し） ●容器（標準化・定量整列・作業容器・運搬・取扱）
③	払出	●計画的払出（払出場所・方法・用具・人） ●払出者責任明確化
④	返却	●返却の確実化、迅速化
⑤	返品	●決められた手続の遵守 ●返却分の台帳訂正などの処理 ●手直しの制度化
⑥	廃却	●制度の確立 ●目で見る管理化 ●責任明確化、対策の完全化
⑦	廃棄ほか	●数量意識の高揚（内外・縦横） ●仕事のピーク時対策の考慮 ●事務改善、業務の標準化 ●組織面検討 ●物理的条件の確立 ●管理体制の改革（生産・品質・・・・・） ●運搬面の改善（手段・方法） ●管理対象の削減 ●機械化、コンピューター化の促進・活用

21 生産能力の柔軟性が大切

外部要因と内部要因をつかもう

利益の源泉である効率の良い生産工程と管理の構築を達成するには、工程におけるムダの徹底した排除の仕組みを構築すべきです。量を追求する工程管理ではなく、必要に応じて生産を柔軟に対応できる仕組みにすることで、生産性の向上を図ります。生産能力の柔軟性は発揮するために、QCDを適切に管理するポイントは、

①外部要因をつかむ→量的な変動要因と傾向を事前に情報としてつかみ、生産計画を立てることが必要（18項を参照）

②内部要因をつかむ→自工程の生産能力を正しく認識し、余力管理の仕組みをつくる（19項を参照）。さらに、現品管理の仕組みをつくること（20項を参照）

となります。

工程管理の基本となる付加価値の増大を織り込む計画は、工程設計段階で検討しておかなければなりません（16項を参照）が、その段階で織り込めなかった、あるいは企業を取り巻く環境が変化したことで効率が低下した場合は、常に生産能力の柔軟性を念頭に置いて再検討する必要があります。

取り組み方法としては、工程管理者のみで計画実行するのではなく、予算計画立案の中でこのような取り組みを年間計画に織り込み、経営層（少なくとも工場単位）の承認を得るようにします。

全社的あるいはプロジェクトとして他部門を巻き込んで行うこと、対策は組織横断的になること、二律背反条件（トレードオフ）の発生が予想されるため、アイデアのすべてが実行できることとは限りません。まずは試行をして、自社・自工程に合った仕組みを再構築するようにします。

活動は、すべての問題が解決するまで続けるのではなく、ある程度成果が見えたら歯止めをかけて、プロジェクトの問題点をまとめて次に移行します。

要点BOX

- 常に生産能力の柔軟性を念頭に置いて再検討を行う
- 全社的な取り組みにしよう

生産能力の柔軟性の確保

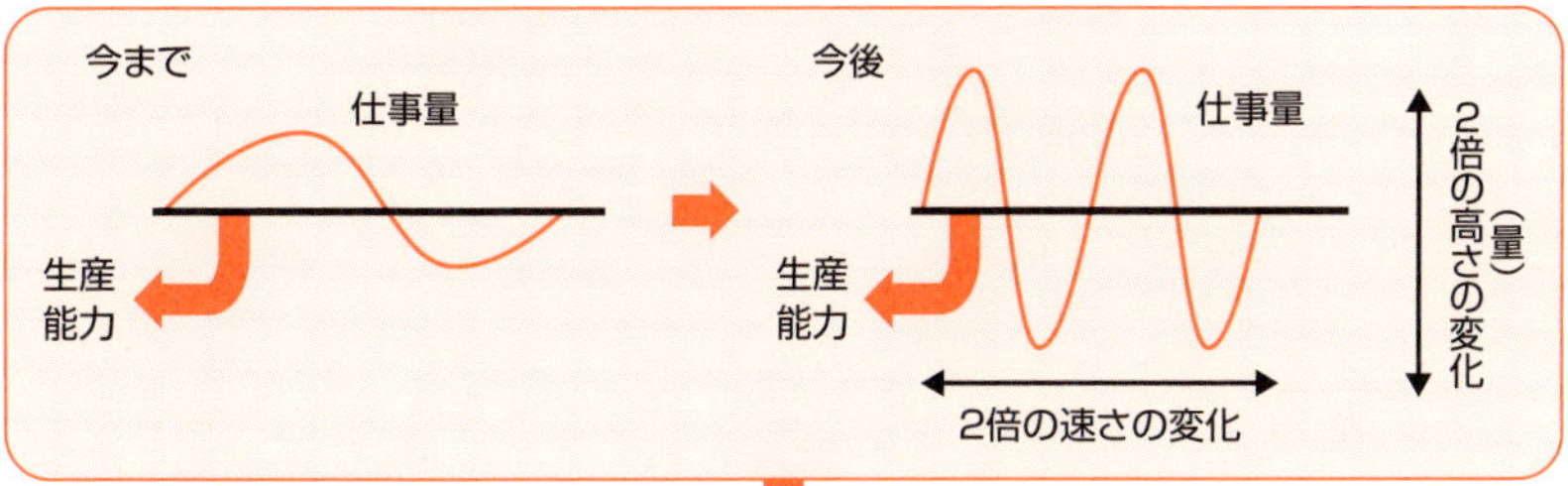

↓

市場や顧客からは量の変化と納期の短縮が求められてくる

↓

生産能力の柔軟性＝フレキシブルな生産体制にするためには

↓

外部要因をつかもう

職場の仕事量の変化をつかむ
今までの分析
今後の予測

内部要因を確認しよう

職場の生産能力の実態をつかむ
今までの対応策の分析
今後の対応策の検討

遅延対策実施の手順

計画の消し込み直し
異常を把握する
↓
納期遅延日報（1日前・2日前・3日前）
最低在庫切れ日報より異常を把握する

⇒ 特別管理指示
異常の登録

⇒ 恒久対策の実施
異常に対する暫定・

⇒ 歯止め
効果の確認と

⇒ 計画への活用

↓

仕事量と生産能力の過不足対策の検討・摘出（職場間応援の制度化も一方法）

- ●在庫を持つ
- ●スポット受注をする
- ●内外製を見直す
- ●選択受注
- ●試作・QCサークル活動
- ●納期変更
（仕事量での調節）

- ●残業・早出
- ●パート・アルバイト
- ●2交替制
- ●自動化・機械化
- ●工程改善
- ●飛び込み専門ライン
- ●自部門内応援
- ●他部門間の応援
（生産能力での調節）

↓

職場間応援の制度化検討
自社の実態　他社の実態

↓

自職場の応援の制度化
（計画→実施→確認→修正）

↓

部門・全社・グループへの応援制度の拡大 ↔ 問題点の把握と解消
前提条件の整備

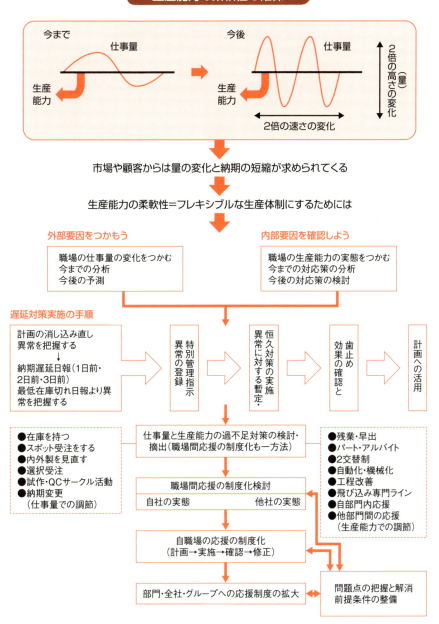

Column

短納期化の勘違い：回転寿司店の苦労

ある回転寿司店の経営指導に入ったときのことです。月商1000万円程度で、地元は魚介類の豊富な産地です。回転寿司のチェーン店も乱立気味の激戦地でした。

同店はオーナー経営者の娘婿が店長となり、義父は元経営コンサルでプロモーションに長け、有名タレントの食べ歩き特番で紹介されるとそれ以降は大繁盛です。ところが、やがて経営は下降線に。依頼を受けて、チームで経営指導に入りました。

私の担当は店舗管理と労務管理、つまり工程管理です。そこで、徹底的に製造業の工程管理を当てはめてみることにしました。本文でも紹介しました4Mに分け、IE手法を使って作業動線や、工程の入口である来客のエスコートから支払いまでQCDを分析しました。そして、繁忙時の工程間のバランスがとれていないこと、各工程作業者の作業標準（役割分担）がないため、勝手な作業を都度してしまうこと、異常処置が的確に行えていないことなど、製造業なら当然決まっているはずの工程設計と工程管理ができていないことにすぐ行き当たりました。

お客さんが押しかけてくると、目先の短納期に目を奪われ、QCDが管理できなくなる状態です。そこで、生産計画（季節別、曜日別、イベント別、時間帯別）と余力管理を行い、絶対工数の不足分を補充するルールをつくり、マルチオペレーターの養成のためにマニュアル整備と教育訓練を行いました。動線の見直し、つまりライン編成もプロダクト・ミックスを考慮して行いました。進捗管理は、店長には忙しくてもラインに絶対入るなと徹底しました。

回転寿司のターンテーブルにしなびた寿司が回っていたのが、改善後は新鮮な寿司が回るようになり、3年後に再訪問すると売上が倍増していました。店長の血走った顔つきが、ふっくらと優しい笑顔に変わっていたのが大変嬉しかったです。短納期化は、力任せではできません。お客さんを待たせない工夫は、生産管理・工程管理の総合力と言えます。

第4章

ダイナミック生産体制の構築

22 ダイナミック生産体制とは

思い切った革新的な体制を描く

効率の良い生産工程の構築とは、ムダを発生させない、ムダが発生しない工程を目指すことです。工程管理者の立場としては、効率は利益を得るために重要な指標となります。しかし、自社の効率を求める努力には限界があることも事実です。

市場や顧客の要求は今後さらに厳しくなると思われ、そうしたことへの対応力をつけることは市場で生き残るために必要です。外部変動に耐え得る体力のある工程管理を構築する要点は以下の通りです。

①外部からの要因をまとめてダイナミック生産体制の定義を明確にする。従来の社内対応の枠組みは無視する

②他社も含めて対策された方法と結果を集約

③対策案の条件整備を行う

④全社的な展開にするため経営トップも含めた承認を得て、対策日程計画を策定し実行する

例えば、リードタイム（受注から出荷までの期間）が14日間と設定された工程があり、第1工程がボトルネック（制約）工程であった場合は、第2工程以下に生産能力があってもリードタイムは守られず、納期遅延となります。第1工程にその日に出された生産指図は、すべて完了させることを条件にするような、思い切った手段が必要となります。

第1工程に設備余力がない場合は、1シフト工程なら、2シフト・3シフト化を図ることや、設備の速度を上げる、内段取り時間を極端に詰める、瞬間的な切替応援体制、マルチオペレーター化など従来の枠組みを取り払った対策を検討します。

さらに極端な例として、近隣に住宅地があり操業時間が制約される場合は、工場や工程を24時間操業が可能な場所への移設や完全自動化などで対処することもあります。各企業でさらに取捨選択して体力をつけることが、これからの企業の生き残り策として必要です。

要点BOX

●ボトルネック工程の徹底した短納期化
●全社的な活動に展開する
●過去にはとらわれないこと

ダイナミック生産体制への手順

①	②	③	④
ダイナミックな生産体制の定義を明確にする	極端な場合の対策 今までとってきた対策・情報を集める。 他社でとられた対策	対策をとるための条件整備をする	ダイナミックな生産体制づくりの目標に向かって対策を打ち続ける、また出てくる副作用を除去する

◇年間最大最小生産量が2倍以上あっても耐えられること
◇年間30%の売上減少でも利益確保ができること
◇月3回の生産計画変更に耐えられること…

4Mの視点からの検討

人	①生産量に稼働日予定をできるだけ適合させる ②稼働時間の長短の調整をする ③直接間接部門間の応援を制度化する(昼、早出、残業、休出・・・) ④多能工化による直接間応援(部門内、事業部間、事業所間、企業間・・・) ⑤アルバイト、パート、季節工などの採用 ⑥社内外注の活用、外注業者の社内生産応援 ⑦労働条件の見直し、福利厚生の見直し ⑧交替制、フレックスタイム制の検討 ⑨ネック作業、監督作業、段取り替え作業などの担当者の育成 ⑩初心者でも可能な作業に改める(ポカよけ、半自動化、自動化・・・)
もの	①材料、仕掛品、製品在庫、補給部品など在庫の持ち方研究 ②流通在庫の把握(情報処理の高度化VAN(付加価値通信網)、LAN(事業所内通信網)の検討) ③業者間の融通制度 ④工程整備(OEM(相手先ブランド)生産、一括生産、一貫生産・・・) ⑤異材質、異工程処理の事前検討 ⑥ピーク(生産時期、寿命時期など)の組合せ
金	①多種資金ルート開拓 ②借入資金枠の確保、緊急資金枠の確保・・・
設備	①スピード調整 ②稼働日、時間調整、公害対策 ③ロボット化、FA化による最少人員での稼働可能化 ④生産保全の徹底(トラブルの最小化、トラブル対策の最短化・・・) ⑤高能率設備、高材料消費能率設備、高エネルギー消費能率設備など設備の特色を把握した稼働 ⑥多台持ち化の検討 ⑦ポカよけ、自動計測、計算など対策 ⑧有税償却やリースの活用研究 ⑨協力工場と同設備化や金型取付可能化 ⑩貸設備、貸工場、貸倉庫 ⑪一発良品段取り化

23 生産統制を強化しよう

指示命令系統の一本化

顧客のQCD要求に応えるため、ダイナミック生産体制を構築して工程管理の強化を目指します。その仕組みの中で、ボトルネック対策とともに重要なのが生産統制の強化です。外乱や突発的な内部要因による混乱を制御し、進捗管理を行うためには強力なリーダーシップが必要ですが、生産管理部門の管理職が持つ個人の力量に頼るだけでは、近年のSCMの管理は困難となりつつあります。

工程やSCM全体にわたる統制は生産管理部門の統制になりますが、それらの指示調整は共通のプラットフォームで伝達します。口頭や指示命令系統を逸脱した伝達は混乱を発生させます。そこから出された指示を工程管理部門が受けて、実効性を判断します。工程内やあらかじめ定められたルールに従い、実行可能なら生産管理部門へ返します。不可能な場合は生産会議などで調整します。経営層が必ず参画し、企業としてのリスクを判断すべきです。

工程管理部門は、加工中に工程において変化点を発生させますから、原価管理部門や品質管理部門は変化点発生による品質や原価の管理をフォローしなければなりません。

共通のプラットフォームの構築については、進捗管理・現品管理・余力管理が各工程でどのような状態かが把握でき、対策が打てるような仕組みにします。最近ではIoTを導入して、リアルタイムで把握する方法も構築されています。

少なくとも、生産計画と工数計画、進捗実績と変更、それに伴う工数計画の修正と実績がわかるようにしておきます。管理精度を求めすぎると運営が重荷になるため、まずはラフな管理から始めましょう。身の丈に合った管理が大切です。慣れてきたら徐々に精度を上げていきます。ねらいは、情報の共通化と指示命令系統の一本化です。生産統制の強化は、手段です。目的化しないように注意してください。

要点BOX

- ●情報伝達と指示命令については共通のプラットフォームをつくる
- ●生産統制を目的化しないように

生産統制のフロー

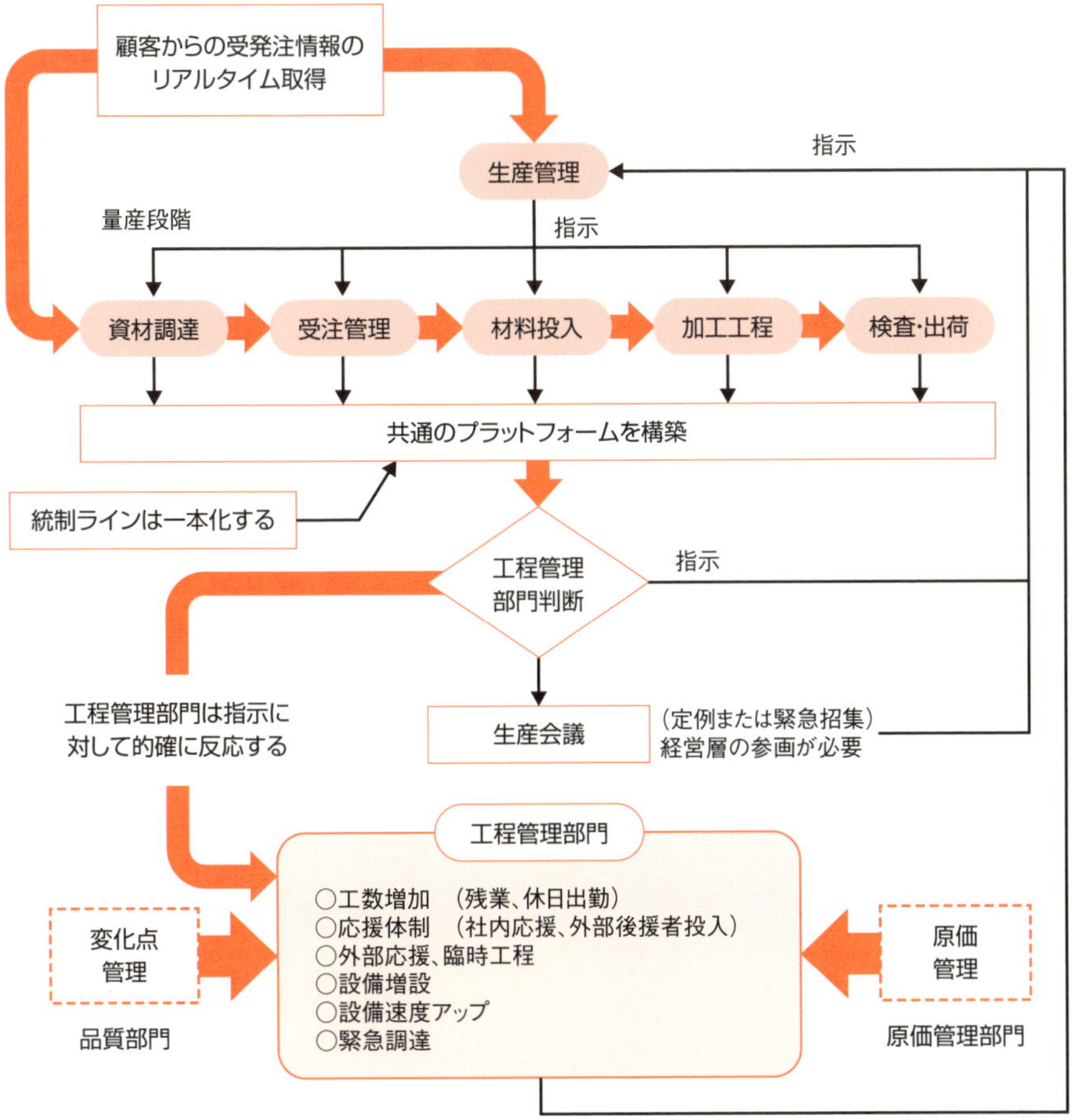
顧客からの受発注情報のリアルタイム取得
生産管理
指示
量産段階
指示
資材調達
受注管理
材料投入
加工工程
検査・出荷
共通のプラットフォームを構築
統制ラインは一本化する
工程管理部門判断
指示
生産会議
（定例または緊急招集）経営層の参画が必要
工程管理部門は指示に対して的確に反応する
工程管理部門
○工数増加　（残業、休日出勤）
○応援体制　（社内応援、外部後援者投入）
○外部応援、臨時工程
○設備増設
○設備速度アップ
○緊急調達
変化点管理
品質部門
原価管理
原価管理部門

資材発注状況
受注情報
進捗情報
生産統制が確実にできる

24 納期遅延対策を立てよう

慌てず急いで漏れなく対応

　工程管理は付加価値の最大化をねらう管理ですが、外乱（突発的な発注、材料入荷遅延など）や内乱（品質不良や設備故障など）で納期対策が発生します。ダイナミック生産体制（23項を参照）を構築していれば対応は可能ですが、納期遅延対策は品質不良対策とならび企業のリスク管理の一環として、BCP（事業継続計画）に近い考え方をすべきです。

　納期遅延が慢性化すると、各部門は遅延に鈍感になります。生産計画や進捗管理上、数日遅れにも未反応というのは、QCDに対してノーコントロール状態と言えます。突然、指図発行が増加したり材料・部品の供給が遅れたりするのは、14項で説明した「来ちゃった管理」の状態です。現場の感度が低下するとこうした事態が多発するため、自ら進んで要因を探ることが必要です。その進め方は、

①遅延情報の発生部門を決めて発信方法をルール化する

②当面の手持ち在庫でどこまで対応が可能で、いつから出荷遅延するか的確に判断する

③生産統制部門を主体（製造部門長、工場長、中小規模企業は社長）に、指示命令を一本化して発する。口答で指示せず、簡単な指示書を用い、5W1Hで役割分担を明示する

④重大な変化点の発生に伴い品質管理体制を強化し、特別検査の追加などルール化する

⑤最後に再発防止対策を忘れない

ことである。こうした事態に慣れてしまわないように、仕組みのどこに何の不備があったかを、なぜなぜ解析（現象から出発してなぜを5回繰り返す原因解析手法）や特性要因図、連関図法などを用いて関係者で協議することが大切です。突発遅延処理は、2次災害を発生しやすい状況をつくり出します。慌ててつくったら市場でクレームが発生し、納期遅延を悪化させたということのないように取り組みます。

要点BOX
- 納期遅延はQCDがノーコントロール状態のときに発生しやすい
- 再発防止対策を忘れずに講じる

納期遅延対策の進め方

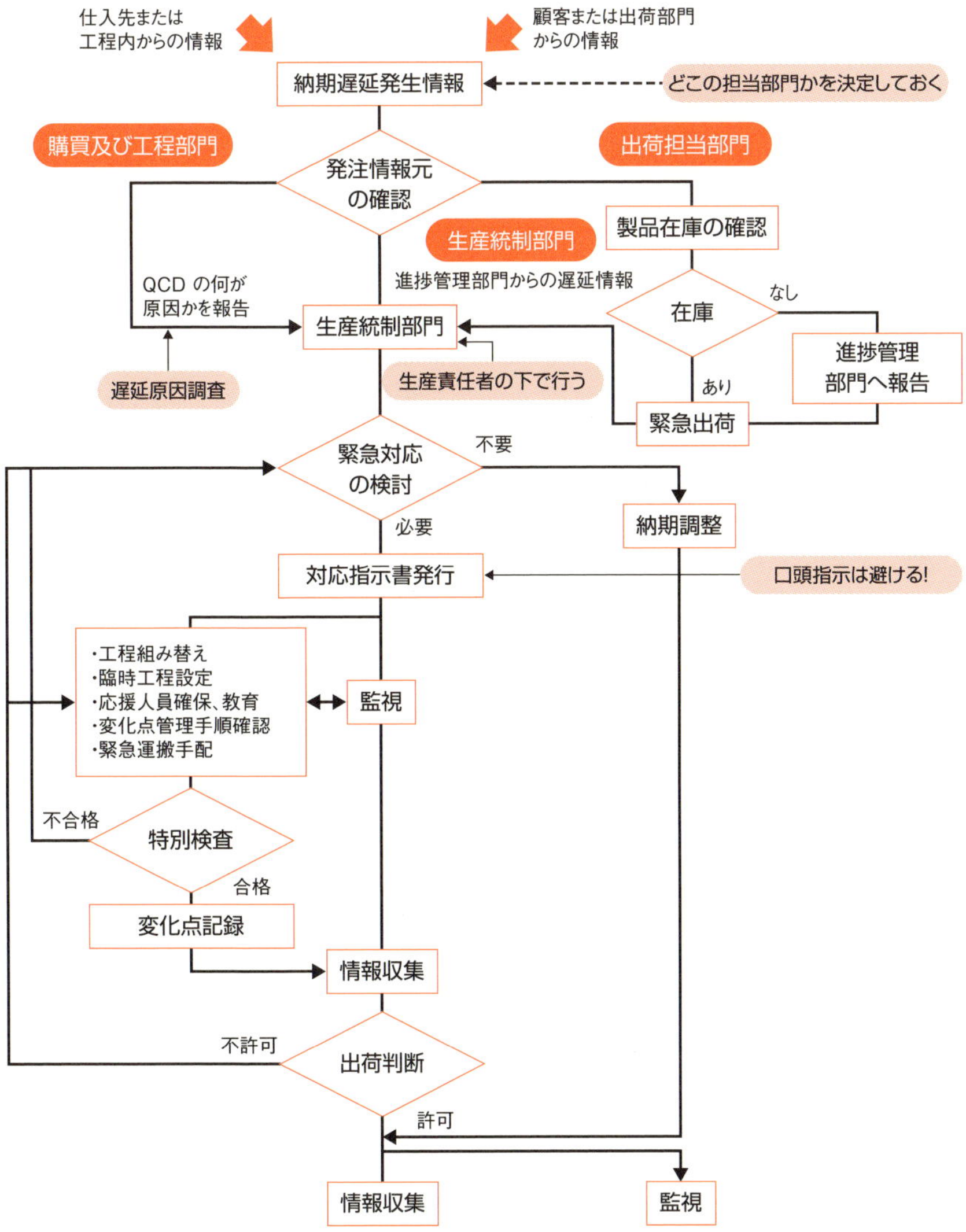
仕入先または工程内からの情報
顧客または出荷部門からの情報
納期遅延発生情報
どこの担当部門かを決定しておく
購買及び工程部門
出荷担当部門
発注情報元の確認
製品在庫の確認
生産統制部門
進捗管理部門からの遅延情報
QCD の何が原因かを報告
在庫
なし
あり
進捗管理部門へ報告
生産統制部門
遅延原因調査
生産責任者の下で行う
緊急出荷
緊急対応の検討
不要
必要
納期調整
対応指示書発行
口頭指示は避ける!
・工程組み替え
・臨時工程設定
・応援人員確保、教育
・変化点管理手順確認
・緊急運搬手配
監視
不合格
特別検査
合格
変化点記録
情報収集
不許可
出荷判断
許可
情報収集
監視

トマレ
納期に間に合わないからってスピード違反はダメ
キキキーッ

25 短納期化に向けた工程管理は腕の見せ所

短納期対応は経営方針

短納期化への取り組みは、生産効率の向上や納期遅延対策と共通事項が多く、常に注視したいテーマです。短納期化は以下のメリットがあります。

①高効率な工程や工場になる
②ダイナミック生産体制への移行が図れる
③工程管理の責任の明確化が可能
④投入資源の早期現金化で資金繰りが楽になる

これらのことはQCDが的確に管理されないと達成できませんし、一気のレベルアップは難しいです。しかし、短納期化に着実に取り組むことが自社の体力強化に必ずつながります。

短納期化＝リードタイムの短縮は、製造原価と二律背反（トレードオフ）と思われることが多く、そのため経営方針で行うべきです。納期短縮は、売上確保の経営戦略として効果が高いからです。

ある紳士服業界で、オーダーメイドのスーツの納期を1週間と設定し、売上を伸ばしました。顧客は、日曜日に販売店を訪れ採寸すれば、翌週末には店頭で受け取れるというサービスです。しかも、既製服に若干の上乗せという価格設定もお値打ちです。実は完全にオーダーメイドではなく、あらかじめパターン化されたサイズの採寸用パターンを試着してもらい、細かく調整して行く方法をとっています。合わせる部分もパターン化されており、それを店の端末に打ち込むと、リアルタイムで縫製工場へ注文が出され、翌日から裁断・縫製が始まり、遅くとも金曜日には発送できる仕組みです。この縫製工場は、海外工場とのコスト競争に敗れて廃業する他社を尻目に、順調に売上を伸ばしていきました。

事例のような全社的な取り組みは、生産管理システムの構築とあわせて実施すべきですが、各工程管理が短納期対応を機能させて達成できたと言えます。工程の出来高を管理する従来の概念ではなく、短納期化が企業の利益に直結するのです。

要点BOX

●QCDを的確にコントロールする
●工程の出来高管理より大切なもの
●短納期化は企業利益に直結

短納期化へのアプローチ

需要予測
↓
生産計画
↓
生産統制

（需要予測～生産統制：生産管理）

↓
工程管理

生産計画(各工程):
生産管理部門から
年間・月度・週・日変動を入手する

工数計画:
・平準化、負荷計画

余力管理:
社内応援、外注移管、社内応援
↑
教育計画で事前に交差訓練を実施する

↑
教育訓練計画

工程管理においても生産計画を立てることが大切

進捗管理:
ボトルネック工程の発見と対策
↑
進捗状況の見える化

現品管理:
・各工程の入出状況の一元管理
・現品に指図書を添付し、見える化を図る

設備管理:
・段取り替え時間の短縮
・稼働時、可動率の向上
・TPMの活用

工程品質管理:
・変化点管理の実行
・前工程の変化点の把握
↑
変化点管理の仕組みづくり

異常処置対応:
・異常処置マニュアル作成
・異常の定義の明確化
↑
不良品をつくり続けない体制づくり

不良発生対応:
・原因対策手順のルール化
・遡り管理
（不良が見逃されていないか確認する）

↓
出荷・販売

26 納期遅延対策のノウハウ

ボトルネック工程を見つける

多発する納期遅延は、突発的と慢性的の2種類があります。突発的な対応は火事場の馬鹿力として対応も可能（QCD的な問題はさておき）ですが、慢性的な状態は当事者意識の欠如もあり、放置されてしまいます。その結果、顧客が離れてしまいます。

生産工程における遅延原因の主なものは、

①材料・前工程製品の投入遅れ
②製造工程の進捗遅れ（不良発生による再加工や修正を含む）
③外注工場からの到着遅れ
④検査での品質不良による出荷制限による遅れ

が挙げられます。出荷部門では検査部門から進捗遅れが報告されると、検査部門に到達したか、それ以前の工程かを確認し、納期遅延を取り戻そうとします。それが繰り返されると、追いかける出荷部門も原因工程も、管理に対してあきらめが生じます。

こうした生産管理体制で注意しなければならない点は、慢性遅延対策を自部署で隠し在庫を持って対応することです。しかし、これは生産管理で言う、QCDを的確に管理することとは正反対の対応です。そこで、思い切って慢性遅延対策に腰を上げ、まずは進捗実績調査から始めます。

製品もしくは製品グループごとに工程通過日を確認し、どこで停滞するかを調査します。特にグループ別レイアウトや機能別レイアウト（7項を参照）では、ボトルネック（58項を参照）は日ごとに移動することがありますが、一定期間調査を継続すれば傾向がつかめます。ポイントは、リードタイムの中でボトルネックをいつ通過すべきか決めることです。そして、これを遵守することを徹底します。

もちろん簡単には守れませんが、なぜそうなるのか、余力管理の失敗が原因か、生産計画か工数計画かがわかるようになります。まずは、そこからです。問題点が見えて、初めて対策は可能になります。

要点BOX
- ●遅延原因が品質か進捗かを探る
- ●ボトルネック工程通過日を徹底管理する
- ●無管理状態を改めることからスタート

納期遅延の発生パターン

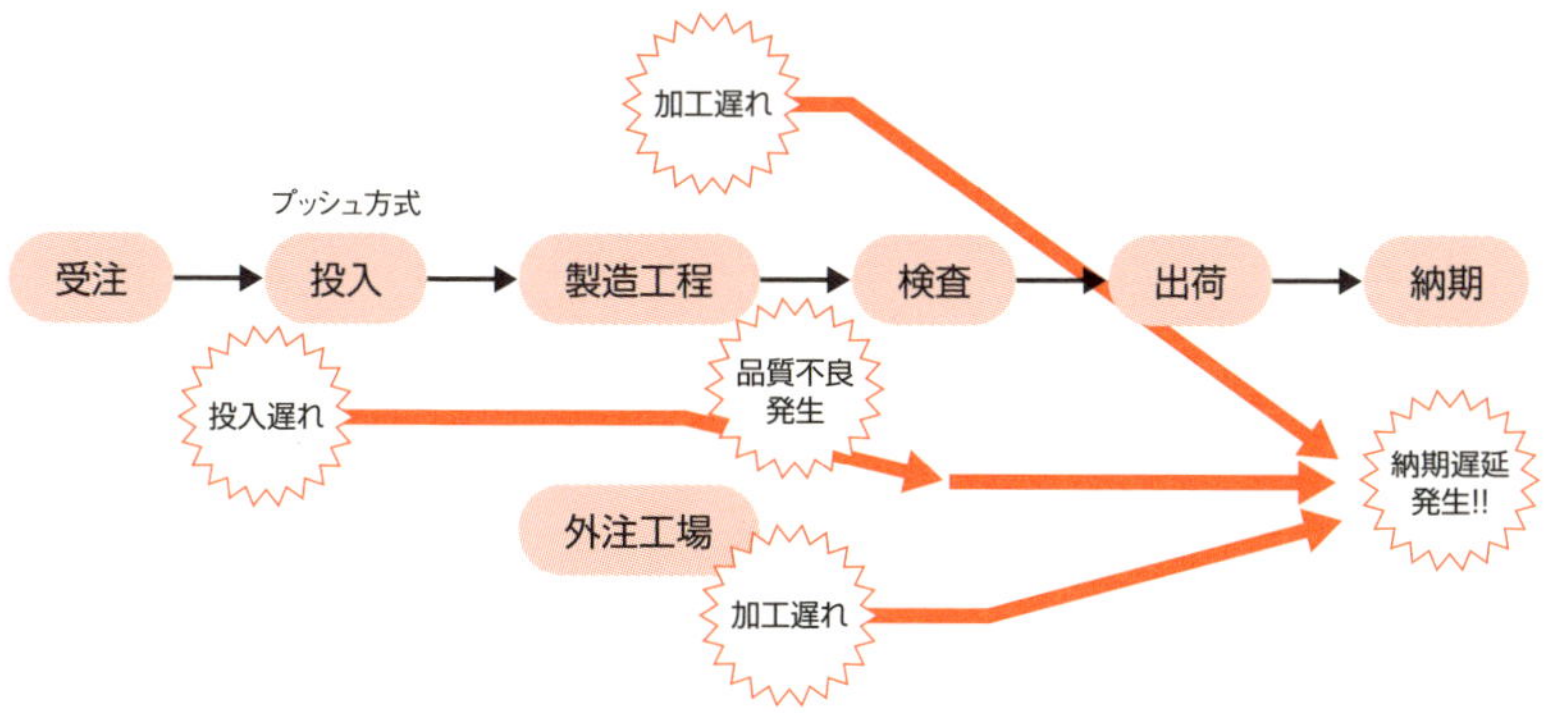

対策手順

① 受注〜出荷までの各工程の投入と完成日を調査する
↓
② ボトルネック工程を明確にする
↓
③ 受注〜投入時にボトルネック工程に定められた期日に投入し、定められた期日に完成するように管理する

（注） ボトルネック工程では、各工程の中で最もQCDの問題発生が多く、工程の流れが悪化する工程をいう

ボトルネック工程を管理する

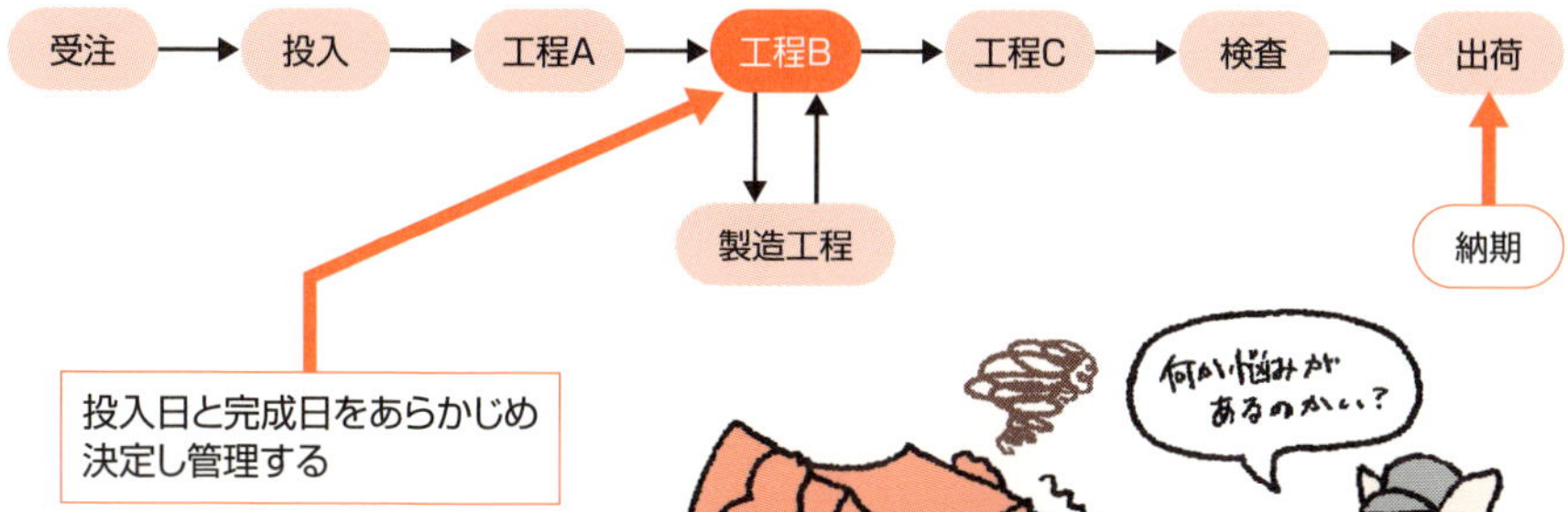

27 生産技術を活用しよう

IEの知識と工程改善の専門性を活用する

ダイナミック生産体制の確立には、生産技術部門の協力が必要です。生産技術とは、ねらいの品質をできばえの品質に転写する技術です。企業には、生産技術部という名称の部署はありますが、生産技術機能を持つ部門は他にもあります。工程計画を立て、工程設計を行い、工程能力を確認するなどの機能を持つ部門です。生産技術的な要素は工程管理部門にも問われます。ノウハウの集積や開発に向けて、このような仕組みが効果的だからです。

工程管理においても、ある程度までは次項で述べるIE（7・28・59項を参照）の知識を持って工程改善を行うべきです。次ページに、インライン工程（4工程）の事例を紹介しています。D工程がボトルネックです。そのため、生産性はD工程で決定されます。ABC工程で早く生産しても、すべてD工程まで滞留するだけです。

工程管理者は一般的に、①D工程の作業時間を延長して1日の生産量を合わせる、②F作業者として自分が入り、もしくはマルチオペレーター訓練をした作業者Eを投入し、ボトルネックの解消を図ります。工程管理者によく見かける形態です。②の監督者が入って生産量を合わせることは、最も下策で避けるべきです。これにより工程管理が行えず、2次災害が発生します。また、①の対策もABC工程の余力管理が放置され、ムダが発生しています。

そこでABを1つの工程として作業を改善し、AB合わせて90秒かかる工数を65秒に短縮。D工程の装置を2台にして、D作業者が2台持ちするようになれば35秒に1個生産できます。4人で60秒に1個が、35秒で1個に生産性が向上します。作業者Fを投入する案よりも42％の生産性向上です。

ただしこの案の実行には、装置の改造など工程管理を超えた対策が必要です。専門性を持った部門の協力を仰ぐことも考慮しておきたいところです。

要点BOX

- 管理監督者が日常的に工程作業に加わらないようにする
- 設備改善も検討しよう

生産技術を使った対策案

工数＝仕事量の全体を表す尺度。仕事を1人の作業者で遂行するのに要する時間　JIS Z 8141-1227

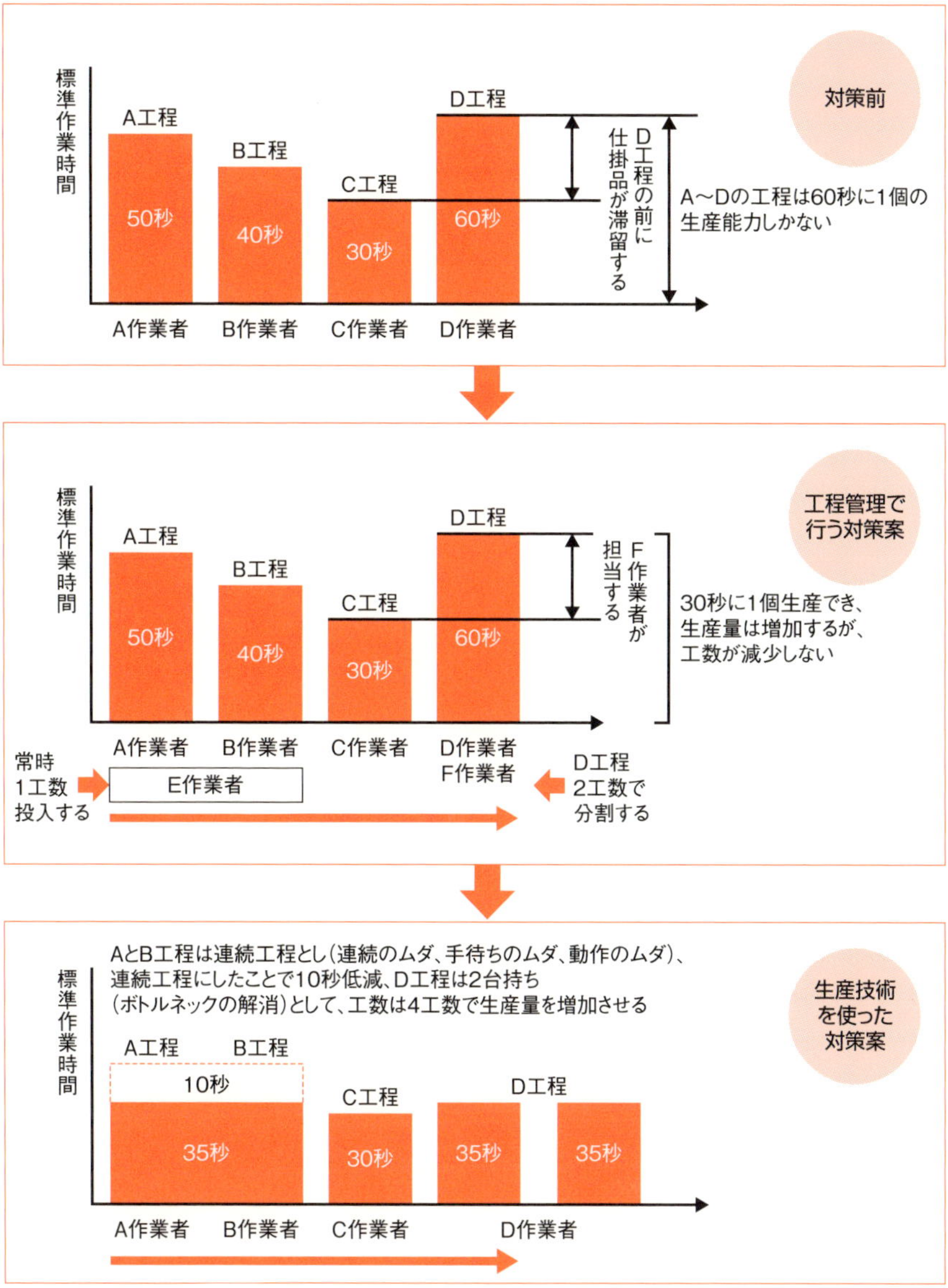

28 IEを活用しよう

問題点の発見と効果の測定ができる

工程を改善するためには、前項で紹介した各部署の専門性を持つ技術を使うことが効果的ですが、工程改善に役立つIE（7・27・66項を参照）を工程管理者も理解すべきです。IEは、作業者の作業効率に着目した研究から発達しました。IEは作業研究と言い、以下に大別されています。

①方法研究－作業または製造方法を分析し、標準化・統合化によって作業方法および製造工程を設計・改善する方法

②作業測定－作業または製造方法の実施効率（稼働率）の評価と標準時間を設定する手法

細分化すると21種類にも分かれる分析や研究法がありますが、大きくは4つに分かれます。

①工程分析－ものの流れや流し方を分析。より少ない労力（入力）で効果（出力）を上げる方法を探る。設備の配置や運搬経路の見直し、なるべく運搬しない方法や楽にものや人が移動できる方法を分析して提案

②動作研究－人や機械設備が単独で作業する場合、複合的に作業が組み合わされるときに効率の良い方法を探る提案

③稼働分析－ムダな動きの調査方法を提案

④時間研究－ムダな動きの測定・見積方法を提案

工程を前にして、生産性が上がらない場合に、どこから手をつけたらよいか途方に暮れることがあります。その場合、まず工程を観察して、問題点の当たりをつけます。人の問題か設備の問題か、その組合せかを観察結果の裏づけを取ることや、ものの流れに問題がありそうだと判断したら、工程分析のいくつかを試すとよいでしょう。

これらのメリットは、問題点の発見と重みづけに使うと同時に、効果の測定にも重要な役割を果たします。どの対策が良かったために効果が出たかが明確になれば、水平展開や応用にも期待できます。

要点BOX

- 工程分析・動作研究・稼働分析・時間研究を使い分けるスキルを磨く
- 水平展開や応用できるよう工夫する

IEとは

方法研究

作業または製造方法を分析し、標準化・統合化によって作業方法または製造工程を設計・改善する手法

手順計画

製品・作業者・運搬を調査分析する方法

- 製品別レイアウトの基礎資料に使う
- 生産対象のものを分析
- 生産対象の人を分析
- 加工経路の検討、グループ化に使う
- 多品種少量生産の配置計画に使う
- 運搬状況の把握
- 運搬時に4つの手間の発生を見つける
- 運ばない運搬を見つける

動作研究

作業者（1人の動作）の動作を調査分析し最適な作業を方法を求める手法の体系

- 人と機械の組合せ作業を分解してムダを改善
- 動作経済の原則に従ってムダを改善
- 動作レベルでムダを改善
- 人と機械の連合した動きを分解して改善

作業測定

作業測定または製造方法の実施効率（可動率）の評価および標準時間を設定する手法

稼動分析

作業者および機械設備の可動率もしくは稼動内容の時間構成比率を求める手法

- 繰り返し作業に使用
- 工程サイクルタイムの長いものに使用
- 機械の可動率を分析し改善する

時間研究

作業者を要素作業または単位作業に分割し分割した作業を遂行するのに要した時間を測定する手法

- 測定に手間がかかる。サンプリングの偏りでデータが発生する
- 間接法とも呼ばれ、簡便であるが経験値が必要となる

問題点の見つけ方

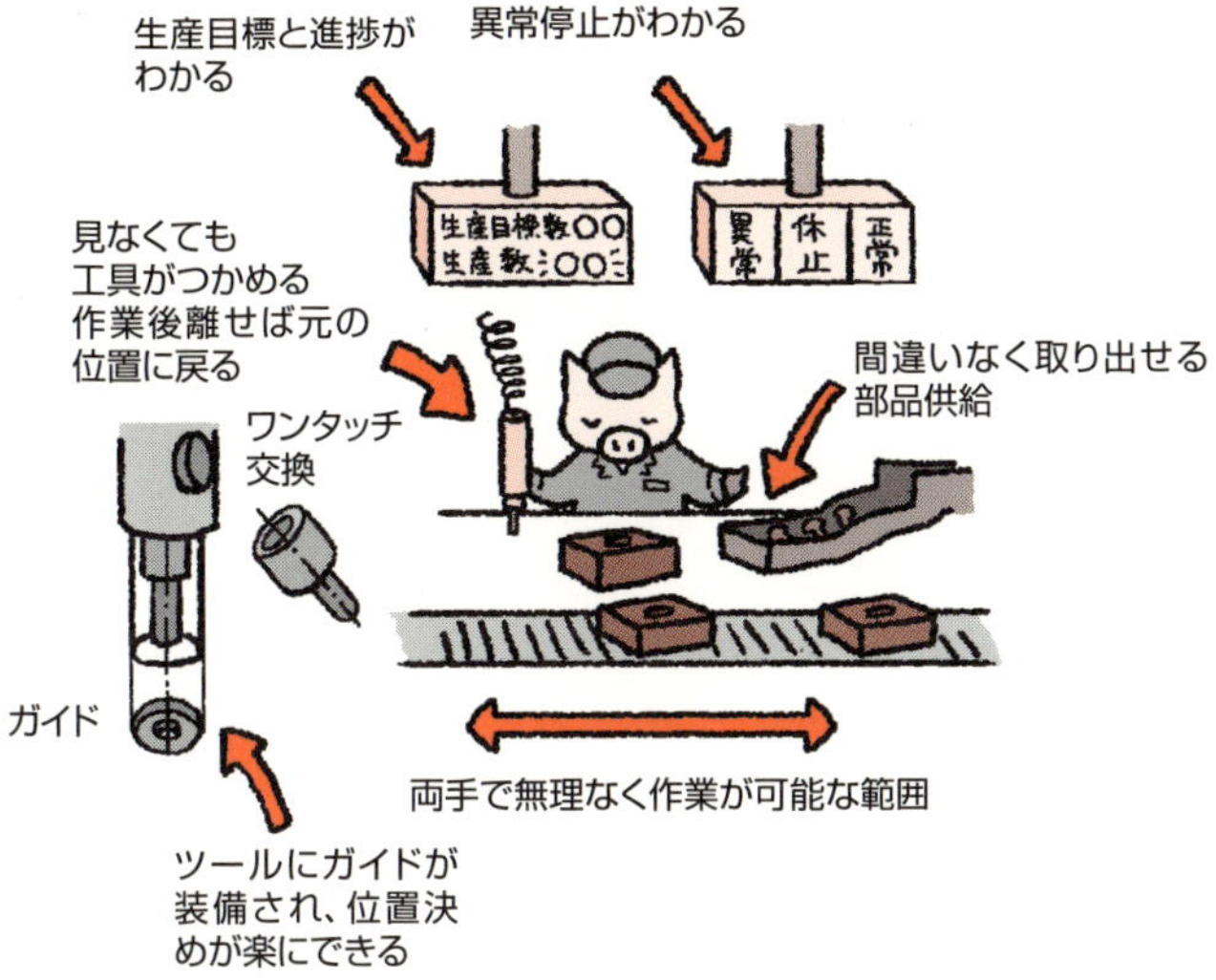
生産目標と進捗がわかる
異常停止がわかる
生産目標数〇〇
生産数〇〇
異常
休止
正常
見なくても工具がつかめる作業後離せば元の位置に戻る
ワンタッチ交換
間違いなく取り出せる部品供給
ガイド
両手で無理なく作業が可能な範囲
ツールにガイドが装備され、位置決めが楽にできる

Column

外国人にも適用できるフレキシブルな生産体制

タイトルがお気に障るようでしたらお詫びします。フレキシブルな生産体制を、思い切って外国人派遣社員で構成した例を紹介します。従来の労務費は固定費となります。工程の繁忙により簡単に増員や減員ができません。そのため派遣者会社に依頼して派遣労働者も雇い、企業の繁忙に都合良く増減員を行い、変動費化できます。

便利な一方で定着率が悪く、教育コストや品質コストが増大します。言葉の障壁が大きく、作業マニュアルは派遣労働者が読める言語に変換しなければなりません。これも、工程管理部門にとっては負荷となります。

工場管理を任されて、フレキシブルな工程管理を模索しているときに、派遣労働者を何とか活用できないかと検討しました。まず、派遣会社を選択しました。派遣社員の言語を統一化しました。ポルトガル語のみとし、それが母国語でかつ日本語に堪能な社員がいる会社に限定して契約しました。その社員が世話役となってマニュアルを翻訳し、教育補助員もセットで雇い入れ、マルチオペレーター教育を日本人正規従業員と同等に実行しました。

彼らにとってマルチオペレーター化は、作業の失敗機会が増えるだけのやっかいなことです。そのため残業、休日出勤は、マルチ化が進んでいる人から優先に与えることを衆知しました。さらに、マルチ化の進度に合わせて時給を上げました。当然、降格条件も定めました。工程管理のチェックも正規作業者とまったく区別なく行い、結果も公表し、マルチ化希望者には丁寧に教えました。

こうすることで、定着率が上がってきました。当初は、1年後に在籍する定着確率は20%でした。しかし、その後は改善され、定着率は80%以上を確保できるようになりました。品質は、むしろ彼らに代わってからの方が高くなりました。職場のレクリエーションにも参加してくれるようになりました。ここまで来ると、変動費化がつらい状態になりますが、仕方ありません。別れがつらくなりますが、自信を持って次の職場に移っていく姿が救いでした。

第5章

全社的工程管理を導入しよう

29 受注計画が全社を動かす

情報は受け手が不利

工程管理にとって、受注計画は重要な情報源です。新規引き合いから新製品の立ち上げ、繰り返し受注段階に入った後でも、安定生産のために受注計画は必要です。工程は付加価値の増大（加工度の向上）を行う部門で、経営資源（人・もの・金）を投入する部門です。工程でのムダは利益の減少に直結します。しかし、受注活動は工程管理部門から見た場合、最も遠い位置にある部門に見えてしまいます。

工程に情報が流れてくるのは、指図発行されて材料や前工程仕掛品の投入時に指示されるQCDの情報だけ、ということが多々見られます。情報は、発信側が圧倒的に豊富に持っています。しかも発信側は、受信側が発信側と同様に理解しているだろうと独り合点することが多いのも現状です。

これは情報の非対称性と呼ばれ、工程管理に限らず企業のいろいろな部門や状況で発生します。工程は、企業の生産管理（QCDの管理）の対象としては重要ですが、たくさん存在する量産準備工程や、繰り返し量産工程の1つになってしまいます。そのため工程の重要性を理解しつつも、工程の特殊性などが勘案されず、その工程の生産性の最良条件とはならないこともあります。

工程管理者は新規引き合い段階から参画し、量産開始までの中で受注が平準化するよう、情報をとってムダのない工程にしなければなりません。ポイントは、受注変動をこの段階で極力平準化することです。固定費は、ひとたび増やすと減少は難しく、人員を多く抱えるとその分教育コストもかかります。

繰り返し受注生産への移行後は、常に生産計画情報が入る仕組みをつくります。出荷予定は参考になりますし、資材調達部門は積極的に情報をとっているため連携すべきです。また、共通のプラットフォームを持つことも必要です。全社的な工程管理の実現は、情報の全社展開が前提になります。

要点BOX

- 工程には情報が入りにくいため、情報を持っている部門との連携を強化する
- 全社展開される共通プラットフォームを構築

受注計画の必要性

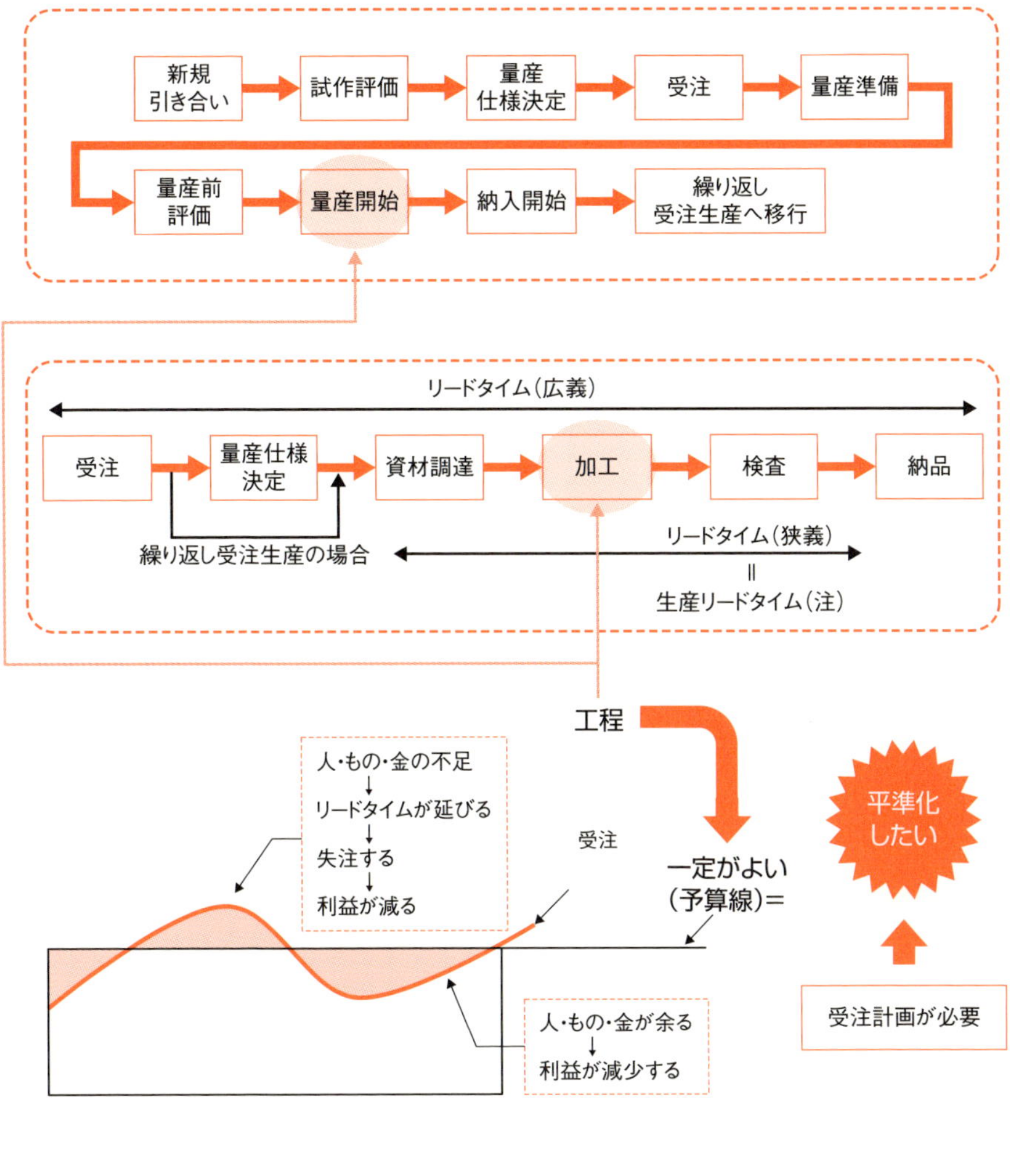

（注） リードタイムは、JIS Z 8141:2001 生産管理用語によれば、1206リードタイムとは受注～納品までを指す場合と、資材調達～検査までを指す場合がある
3304生産リードタイムは、生産計画の一環として生産の着手時期～完了時期とある。本図では、説明上リードタイムの狭義と生産リードタイムを同じ意味として扱う

30 外部情報の活用、外部チャネルのつくり方

生産管理精度の向上へ

生産計画や工数計画において、受注が突然増減する、突発受注が入るなどの「来ちゃった工程管理」（14・24項を参照）を避けるには、事前に得る情報の量と精度を高める必要があります。発注元は、下請け企業の生産管理には興味を示さず、どんな事態が起きてもQCD責任を求めてくることが現実の姿です。それに追随できない企業は淘汰され、いかに情報チャネルを構築するかが生産管理とその統制下にある工程管理にとって大切です。

情報の質は、以下の項目を満足するものです。

①自社の量的変動を知る
②突発納期対応品
③平均量より20％以上増減する品目
④新製品立ち上げ時期、量と準備期間中の対応
⑤打ち切り製品品目とその後の量的変動

顧客が数社以上の場合は、①の量的変動傾向値の把握は利益計画上大切な情報です。

顧客には、自社と関係のある部門がありますが、その先の顧客や競合他社から情報をとれる場合もあり、これらを集約する部門が必要です。

①生産計画部門に集約する
②生産統制部門と連携をとる
③計画部門と統制部門が連携する

情報の集約と発信元は生産計画部門が務めますが、情報の垂れ流しは混乱を招きます。そこで向こう3カ月の短期予測情報を作成し、生産統制部門に対策を検討させます。余力管理に問題が発生しそうなときは、生産の前倒しなど山崩しを指示します。

予測は仮説ですから、結果の検証が必要です。責任は生産計画部門が負います。工程管理部門は、生産統制部門として情報を受け取り、結果を計画部門へフィードバックします。また、生産計画部門に的確に伝達された情報活用のため、短サイクルで生産計画調整会議を開きます。

要点BOX
●生産計画部門が主幹部署
●生産計画と生産統制部門が連携する
●全社展開と情報の共有化を図る

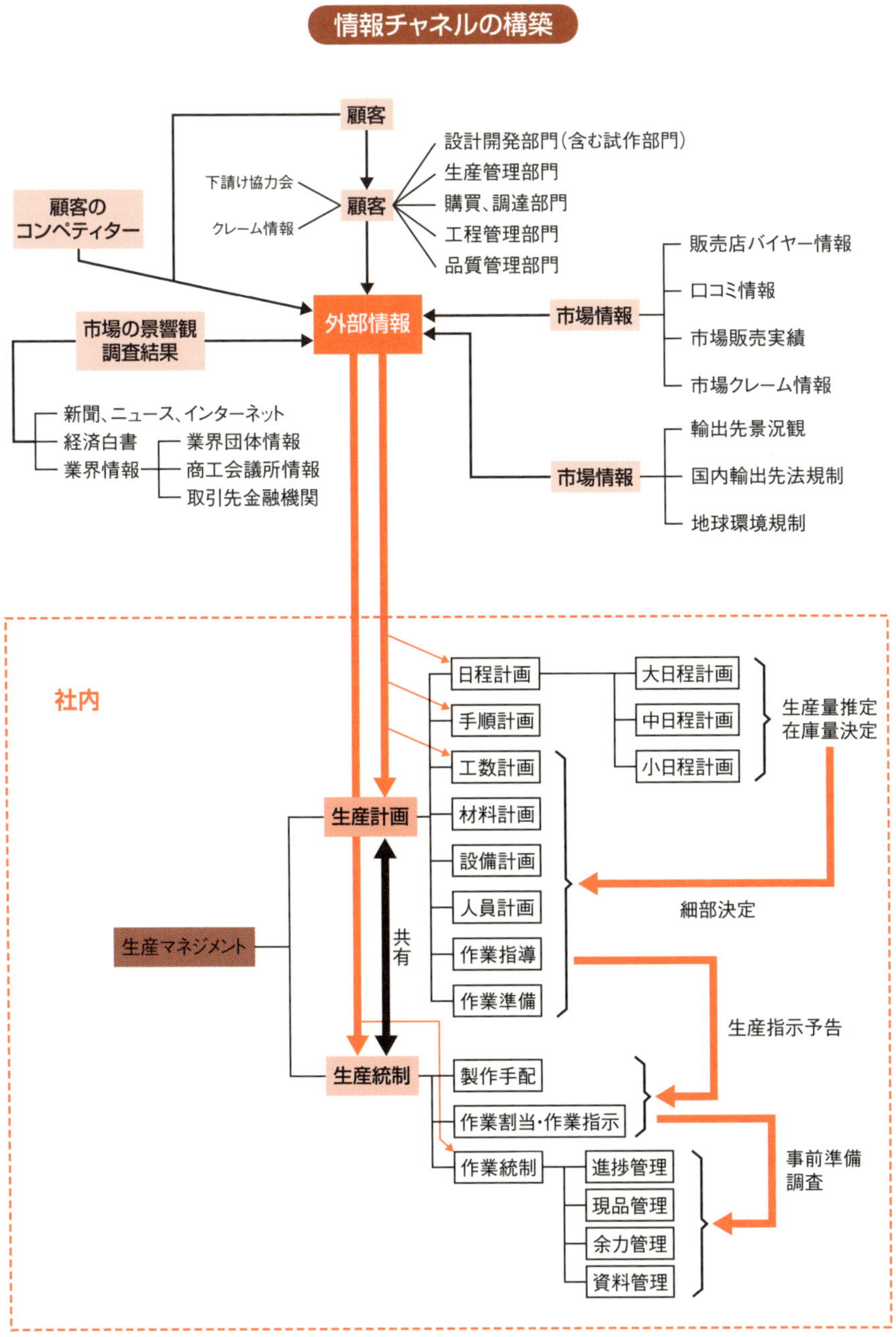
情報チャネルの構築
顧客
顧客
下請け協力会
クレーム情報
設計開発部門(含む試作部門)
生産管理部門
購買、調達部門
工程管理部門
品質管理部門
顧客のコンペティター
外部情報
市場の景響観調査結果
市場情報
販売店バイヤー情報
口コミ情報
市場販売実績
市場クレーム情報
新聞、ニュース、インターネット
経済白書
業界情報
業界団体情報
商工会議所情報
取引先金融機関
市場情報
輸出先景況観
国内輸出先法規制
地球環境規制
社内
日程計画
手順計画
工数計画
材料計画
設備計画
人員計画
作業指導
作業準備
大日程計画
中日程計画
小日程計画
生産量推定
在庫量決定
細部決定
生産計画
共有
生産マネジメント
生産統制
生産指示予告
製作手配
作業割当・作業指示
作業統制
進捗管理
現品管理
余力管理
資料管理
事前準備
調査

31 外部情報はどこが入手するか

トップ自らが行うことも考える

的確な生産計画や工数計画を行い、生産統制部門にムダのない工程管理を可能とするためには、事前情報や傾向を読み取り準備をすることが必要です。本来のSCMは、情報の流れの確保も顧客責任の生産管理の範疇ですが、発信側の感度が低いことが一般的です。

最近では、ISO9001やISO14001などの規格が浸透し、プロセス管理が重要視されるようになりました。新製品の立ち上げからスタートする場合は、結果オーライの管理ではなく、ねらいの品質を設計する段階からプロセス計画を持って進捗し、営業・設計・品質保証部門間で情報がとれることが増えています。

残された問題は、量産開始後の繰り返し受注段階に入った場合の、量的変動と量産打ち切り処置段階です。特に受注から資材調達に至る工程では、営業と生産管理部門が主幹部署となり、情報入手力が低下します。しかし、生産計画と工数計画の基となる情報で、情報収集力が弱いと効率的な工程管理が行えません。中小企業はこの分野に注力することに苦手意識が強く、しかも顧客は一般的に大企業かそれに近い組織体が多いため、どうしても臆しがちです。対策は以下の通りとなります。

①情報収集部門の責任を明確にする
②情報発信の仕組みを構築して定期発信する
③20％以上の乖離は原因の究明をする（責任の所在と追求をする仕組みではない）
④情報精度の向上は当該部門および部門長と部門員の成績を実績に反映させる仕組みとする
⑤トップ自らがチャネルの構築に活動する

受注情報活動の評価が機能しない仕組みでは、精度向上へのモチベーションが働きません。したがって経営トップ自らも、企業運営の観点から情報収集に価値を見出し、敏感になってもらいたいものです。

要点BOX
- ●繰り返し受注生産の精度向上が必要
- ●情報収集部門の責任を明確に
- ●受注情報取得は重要業務と位置づける

新規受注時の情報入手

新規受注 → 量産仕様決定 → 資材調達 → 加工 → 検査 → 納品

新規受注
- 営業部門
- 生産管理部門（含む出荷部門）
- 設計開発部門

量産仕様決定
- 営業部門
- 設計開発部門
- 生産技術部門
- 生産管理部門
- 製造部門
- 購買、調達部門
- 品質管理、検査部門
- 出荷部門

資材調達
- 営業部門
- 設計開発部門
- 生産技術部門
- 購買、調達部門
- 品質管理部門

加工
- 設計開発部門
- 生産技術部門
- 製造部門
- 品質管理部門

検査
- 営業部門
- 設計開発部門
- 品質管理、検査部門
- 出荷部門

納品
- 営業部門
- 品質管理、検査部門
- 生産技術部門
- 出荷部門

繰り返し受注生産時の情報入手

繰り返し受注 → 資材調達 → 加工 → 検査 → 納品

繰り返し受注
- 営業部門
- 生産管理部門（含む出荷部門）

資材調達
- 営業部門
- 購買、調達部門
- 品質管理部門

加工
- 製造部門
- 品質管理部門

検査
- 営業部門
- 品質管理、検査部門
- 出荷部門

納品
- 営業部門
- 品質管理、検査部門
- 出荷部門

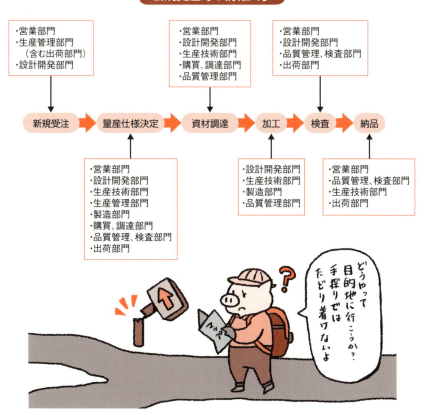

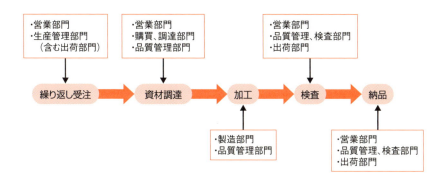

32 工程管理に大きく影響する設計管理

量産出図前のデザインレビューに参加する

工程管理と設計管理は、互いの情報交換不足により全体最適が図れない関係にあります。設計管理を行う目的は以下の通りです。

①ねらいの品質の設定と、できばえの品質への変換を行い、市場や顧客へ提供して利益を得る計画をする

②開発段階でQCDをほぼ織り込むことになるため、生産技術や工程管理に配慮して設計する

一方の工程管理は、付加価値の増大を織り込む工程を管理することです。したがって、本来、両者は協力関係にあります。しかし実際には、設計開発部門は工程設計や工程管理の経験に乏しく、設計通りにつくれるはずとの思い込みが概して強く、工程管理部門は設計開発部門で決められたことは変更できない、とあきらめがちです。ただ、企業によっては、設計開発と営業が一体となった部署とする工夫も見られます。このほか、ISOの取り組みではプロセス管理が求められていますが、実際にはおざなりにすることが多く、工程管理の意見や過去トラ事例が生かされない例が多々見られます。

設計開発部門も、顧客の仕様決定の遅れを挽回することや、近年の要求条件の複雑さから仕事量は増大傾向にあり、工程管理まで手が回らないのが現実の姿と言われています。しかし、量産開始前までは種々の工程における工夫の結果、変化点を発生させても、変化点に関する二律背反（トレードオフ）の検討期間がとれ、設備を変更する機会も存在します。これらのことは量産立ち上げ前に極力行い、工程管理の失敗の原因とムダを排除した工程管理が可能になるようにすべきです。

デザインレビューは、量産図面発行前と量産立ち上げ前には必ず行います。本来は設計開発部門が主幹部署ですが、工程管理部門が開催を要求してもよく、適宜情報発信することが求められています。

要点BOX
- ●ねらいの品質をできばえの品質とすべく、設計開発・工程管理の両部門が連携
- ●工程管理部門が情報を発信しよう

工程管理と設計管理の関係

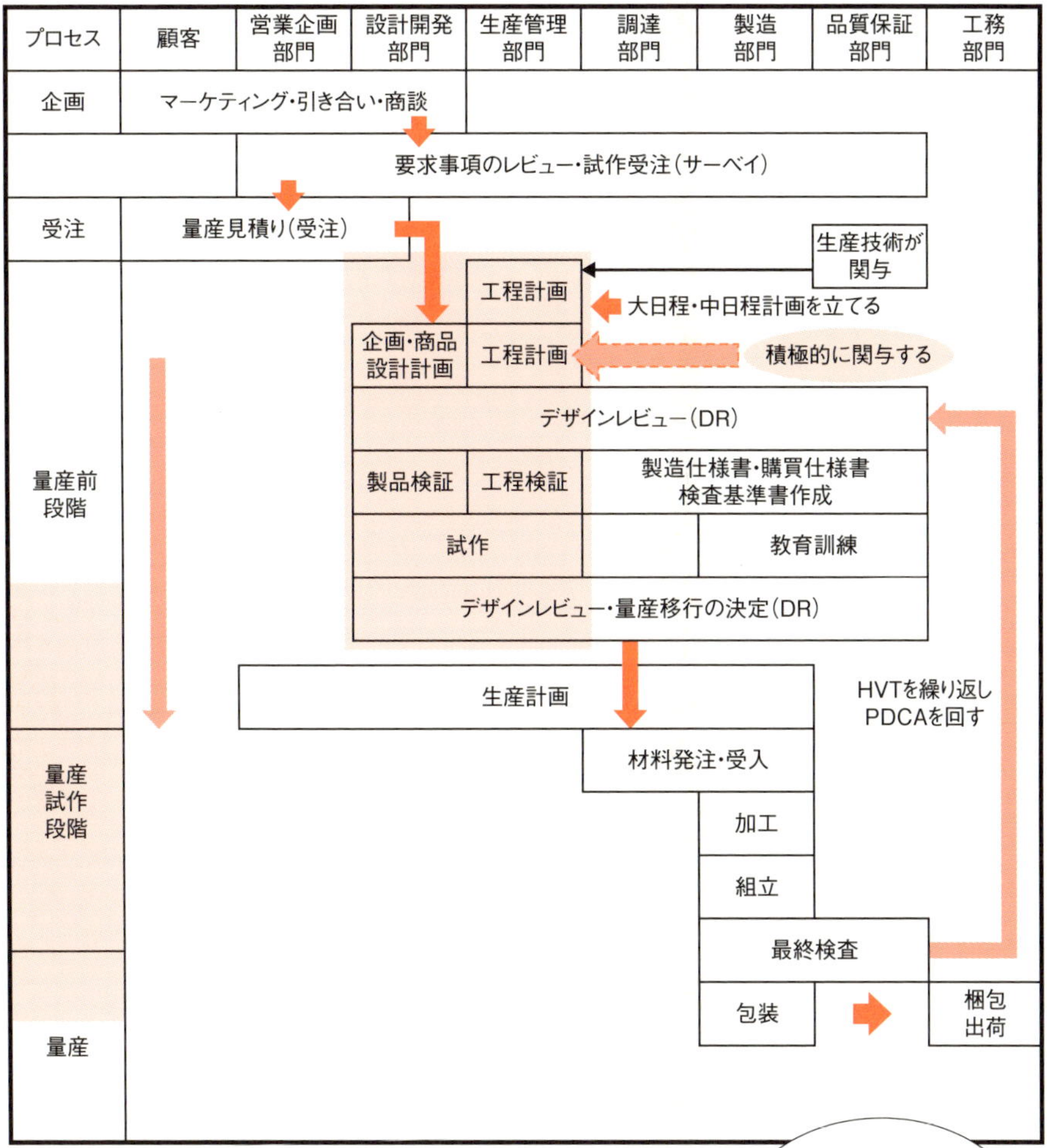

33 生産管理との連携を強化しよう

生産管理・生産統制・工程管理部門で情報の流れを確保

ねらいの品質をできばえの品質に変換し、付加価値を織り込んで利益を獲得する企業活動において、生産管理は生産計画と生産統制を統括する重要な役割を担います。ねらいの品質を決定するのは営業や企画・設計開発部門で、それをできばえの品質に転写するのが生産技術部門の役割です。それらを全社的に進捗していく生産管理部門の中の、生産統制の実行部門として工程管理が存在します。もともと工程管理は生産管理の一部、あるいは狭義の生産管理として生産統制のみの管理を担うとされてきました。

しかし、生産統制だけの単独で実行すると、限りなくフレキシブルな工程管理が必要となります。そこで、前章で紹介したダイナミック生産体制（22項を参照）を構築し、納期短縮や高効率工程化を目指すことは必須です。これらは、ビジネスチャンスを逃さない企業体力をつけるという意味があります。

しかし、すべてキャッチアップすることは、工程利益を最大化する目的からすると、短期的には容認できても、システムとして構築することはリスクが大きく、ここでは全社的な工程管理を構築すべきです。要点は以下の通りです。

①生産管理部門は受注予測、生産計画、生産実績管理を主体とする

②生産管理部門は生産計画、工数計画について全社的な最適化を図る

③生産統制部門は生産管理部門の計画を受け、工数計画、進捗管理と工程管理部門を統括

④工程管理部門は自工程完結として、①～③までの情報をもとに自工程の余力管理、進捗管理、現品管理、品質管理、設備管理を行う

連携とは、生産管理部門→生産統制部門→工程管理部門への一方向的な情報とものの流れではなく、双方向の情報の流れが重要なポイントとなります。

要点BOX

- ●生産管理部門との役割を明確にする
- ●生産管理部門の精度をレベルアップした上での工程管理活動とする

工程管理と生産管理の連携

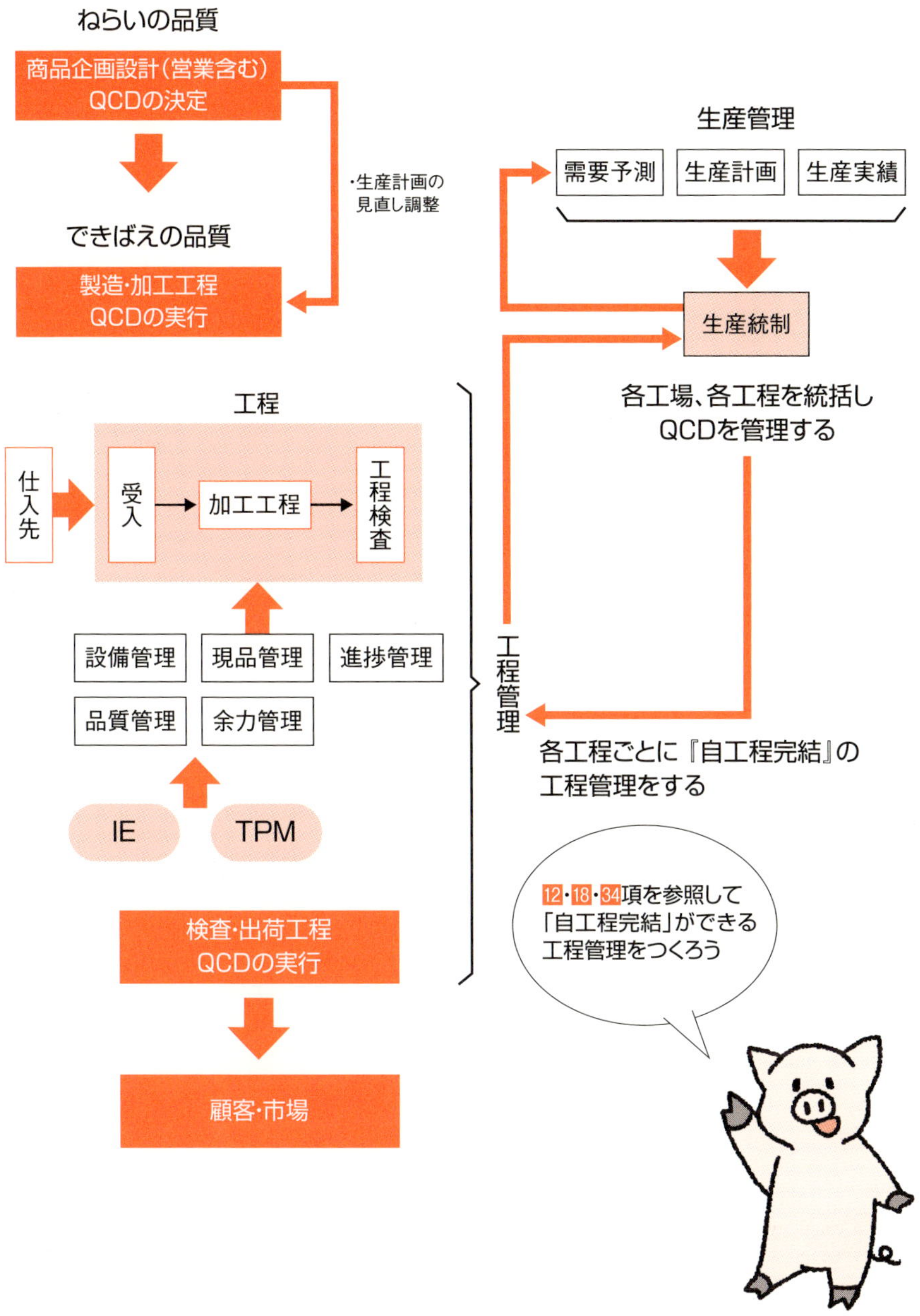

ねらいの品質
商品企画設計（営業含む）
QCDの決定
・生産計画の
見直し調整
できばえの品質
製造・加工工程
QCDの実行
生産管理
需要予測
生産計画
生産実績
生産統制
各工場、各工程を統括し
QCDを管理する
工程
仕入先
受入
加工工程
工程検査
設備管理
現品管理
進捗管理
品質管理
余力管理
IE
TPM
検査・出荷工程
QCDの実行
顧客・市場
工程管理
各工程ごとに『自工程完結』の
工程管理をする
12・18・34項を参照して
「自工程完結」ができる
工程管理をつくろう

34 自工程完結活動で工程管理力を向上

後工程に不良品を流さないことはQCD管理の基本

自工程完結活動は、品質を自工程完結し、後工程に不良品を流さない取り組みです。工程を通過していくと、人・もの・金が仕掛品に投入され、付加価値が織り込まれて増大します。ところが、最終検査工程で、不良品として手直しや破棄がなされると、それまでの付加価値がムダになり、品質コストが上昇します。そこで、以下の取り組みを実施します。

①自工程の管理項目を決定する
②管理項目に入るよう作業方法を工夫し、作業の良否や作業結果の良否を自工程で行う
③自工程でPDCAのサイクルを回して改善する
④工程の異常の見える化を図る
⑤作業者訓練を通じてレベルアップし、不良の原因究明と対策を行い作業方法の改善につなげる
⑥不良品は受け取らない、不良品は後工程に流さないを徹底する

重要なポイントは、管理項目の決定です。工程管理において、自工程の都合だけで管理項目を決定すると、全体最適化が図れません。そのためには、ねらいの品質はどのような取り決めか、最終出荷検査の契約事項で守らなければならない条件、および範囲はどのように取り決められているかを確認して、自工程の管理項目を決める必要があります。さらに、工程管理はQCDを適切に管理しなければなりません。Qは自工程完結活動の要ですが、この場合のQは品質コストを指します（11項を参照）。

前述の①〜⑥は品質管理項目ですが、これを最小品質コストで達成しなければなりません。例を挙げると、自工程の工程内で確からしさを保証せずに、自工程の最終検査工程を設置して、不良品を止める方法は極力避けましょう。なお、QCDのDは、生産計画や工数計画、余力管理などの生産管理的要素を、自工程においても管理することです。生産リードタイムは品質の安定に欠かせないことです。

要点BOX
- ●PDCAの管理のサイクルを回そう
- ●自工程の管理項目を決定しよう
- ●工程の異常の見える化

自工程完結とは

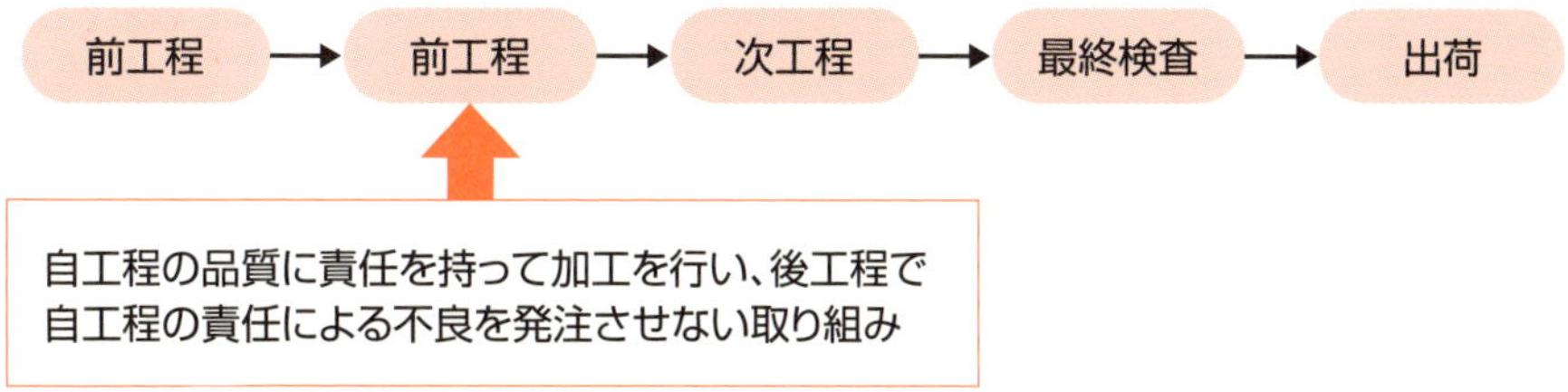
前工程
前工程
次工程
最終検査
出荷
自工程の品質に責任を持って加工を行い、後工程で
自工程の責任による不良を発注させない取り組み

自工程の保証項目

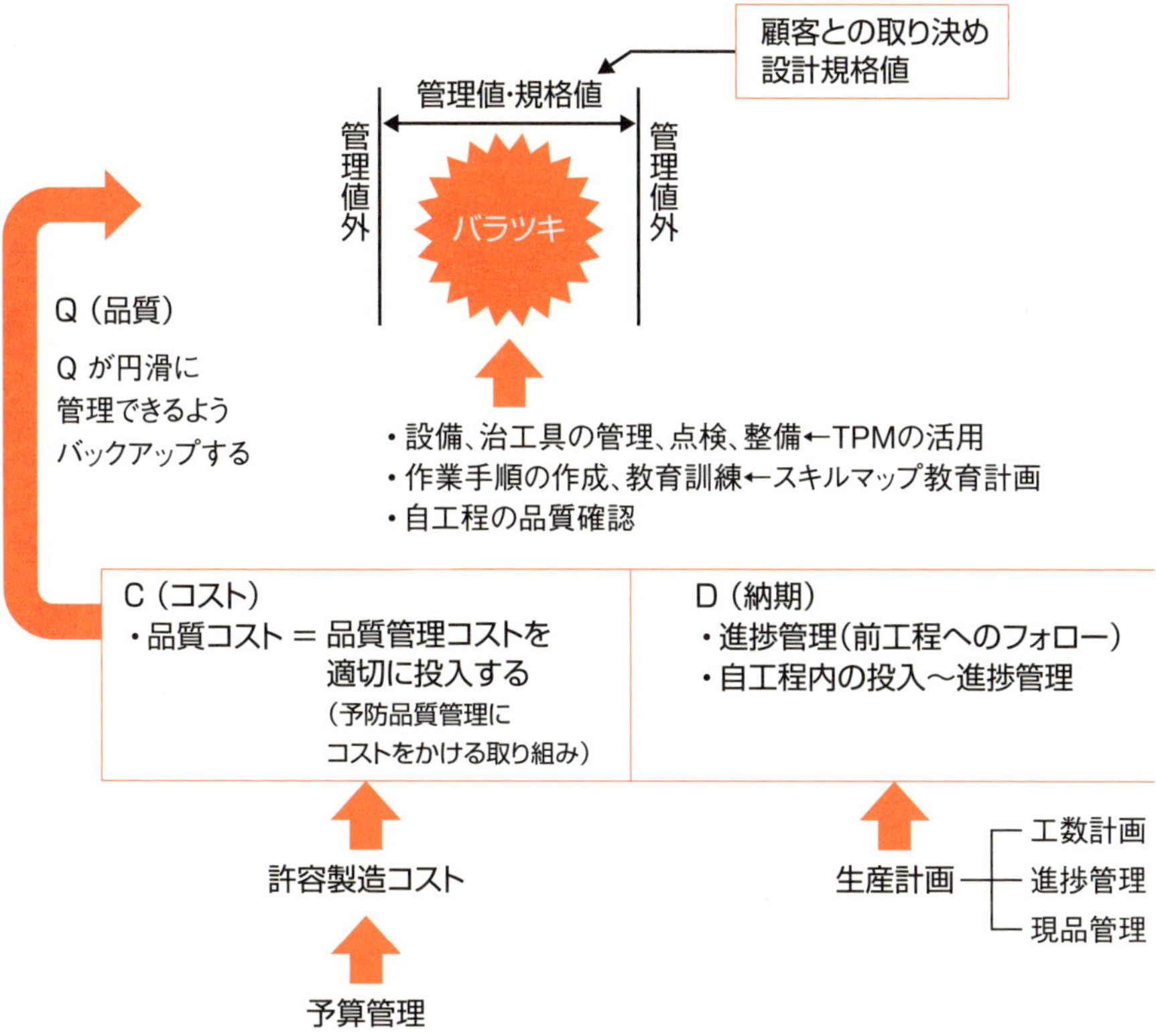
顧客との取り決め
設計規格値
管理値・規格値
管理値外
バラツキ
管理値外
Q（品質）
Q が円滑に
管理できるよう
バックアップする
・設備、治工具の管理、点検、整備←TPMの活用
・作業手順の作成、教育訓練←スキルマップ教育計画
・自工程の品質確認
C（コスト）
・品質コスト ＝ 品質管理コストを
適切に投入する
（予防品質管理に
コストをかける取り組み）
D（納期）
・進捗管理（前工程へのフォロー）
・自工程内の投入～進捗管理
許容製造コスト
予算管理
生産計画
工数計画
進捗管理
現品管理

35 作業標準をどのように使うか理解しよう

作業標準を整備して使いこなす

前項で紹介した自工程完結活動では、
①自工程の管理項目を決定
②自工程の管理項目に入れる作業方法を工夫
③作業の良否、作業結果の良否を自工程で行う
④工程の異常の見える化を図る
⑤作業者訓練を通じてレベルアップを図る
がキーポイントであると説明しました。これらに共通するツールは作業標準です。工程にはばらつきが発生しますが、その原因は4Mのばらつきです。

作業方法のばらつきを最小化するためには、
①ルールを決める→管理項目から決定する
②ルールを教える→教育訓練と教育記録
③理解度を確認→習熟度の確認（テストを行う）
④ルールを守らせる→検査結果のフィードバック、理解度・遵守の定期確認
⑤遵守結果の確認→作業手順の抜き取り確認
となります。工程設計部門で作成されたQC工程表をもとに、作業標準を作成します。品質管理部署と共同で作成します。作業標準および作業ポイント表、作業手順書の名称や書類の階層、書式は各工程で使いやすいように工夫してください。

QC工程表の中の作業工程を1単位とし、極力ビジュアルで定量的に作業内容を表現して、守れなかった場合の注意点や安全への配慮など漏れなく記載します。これは作業の基本となるマニュアルです。

作業ポイント表や手順書は、作業標準の中でも特に強調しなければならない微妙な勘どころや、抜き出して常に確認する必要がある作業について書き出してください。手順書は、特に取扱説明書のような位置づけとなります。

さらに適宜、実物見本を添付したり、限度見本を表示したりして明瞭にすることです。不良発生時には対策を立てると同時に、作業標準類のどこが不適切だったかを明確にして修正しましょう。

要点BOX
- ●QC工程表をベースに作成しよう
- ●ビジュアルに定量的な表現にする
- ●教育訓練と練度の確認はセット

作業標準書の例

作業標準書	No 0○○○-1		
	承認	点検	作成

○○工程

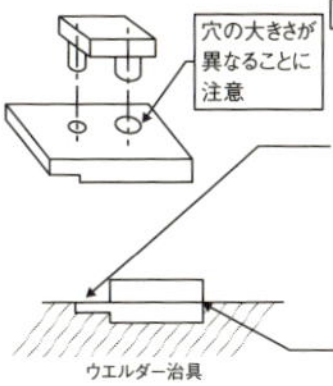

手順

1. はめ込む穴とピンを確認する
   穴の大きさに注意
2. 隙間無くはめ込む
3. 治具に切り欠けを合わせてはめ込む
   治具から浮いていないこと
4. 超音波ウエルダーのフィットスイッチを踏む
5. 出来ばえ確認
   隙間がないこと
   ウエルダーのはみ出しがないこと
   打痕なきこと

重要品質事項
隙間なきこと

安全
1.電源・スイッチを入れる際には、フットスイッチに触れていないことを確認してから行う
2.トラブル・修理時には必ず電源スイッチを切ること
3.作業終了時は電源スイッチを切ること

書式の特徴

標準書	目的	誰が作成するのか	必要性
QC工程表	全工程の作業の流れと管理方法の決定	工程設計、生産技術部門	必ず作成する注1)
作業標準書	工程の1単位の手順を決める	品質管理・工程担当部門	必ず作成する
作業ポイント表	作業標準書の中で重要な作業をわかりやすくする	同上	必要に応じて工程管理値や重要品質、特性は必ず作成する
作業手順書	作業標準書の中で一連の作業をわかりやすくまとめる	品質管理・生産技術・工程担当部門	必要に応じて安全管理上危険作業は必ず作成する

注1）製品群でまとめてもよい

作業ポイント表の例

作業ポイント票	No QC○○○	
	承認	作成
○○グリス塗布要領		

品番○○(ケース)中央けがき線内側にグリスを塗布する
※塗布量については、下記写真を見本とする

グリス名:○○鉱産△△グリスNo.5

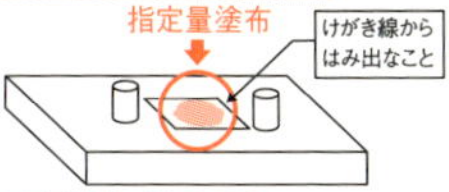

尚、図面指定グリス塗布量は下記である
0.05g～0.15g

No	日付	改訂内容	承認	担当	初版作成日	承認	担当

承認	点検	作成

不具合項	不具合例	ポイント
不具合項	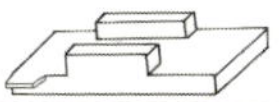	検査法に「バリなきこと」指示。金型交換時注意のこと
打痕	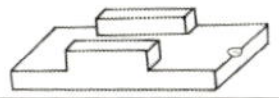	外観不良となる 金型に疵が発生。発見時上司への報告のこと
擦り傷	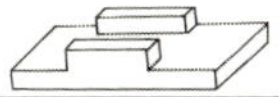	外観不良となる 限度見本で必ず照合のこと
ショートショット	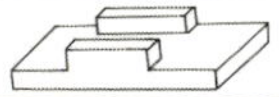	機能不良 外観不良

作業手順書の例

作業手順	No.	日付	改訂内容	担当	No.	日付	改訂内容	担当	No. ○○○-△△
連続熱処理炉作業手順									作成日 ○○／△／△△ 承認 ○○ 担当 ○○
目的 高温で加熱することにより、製品の成分組織を安定させる									承認 ○○ 担当 ○○

作業前の準備

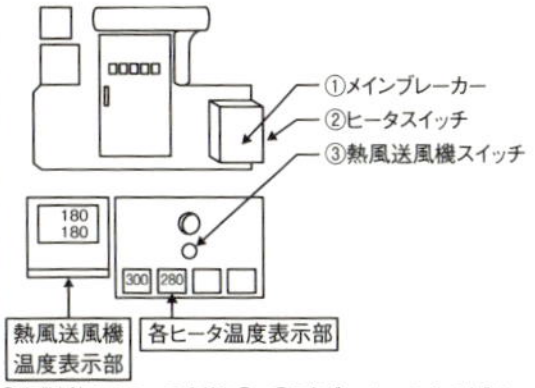

①作業を始める30～40分前に①～③の各ブレーカー・スイッチを入れ、作動を確認する
※各指示計のON状態および熱風状態であることを確認すること
②30～40分後、6カ所の温度表示部が設定温度になっていることを確認する

箇所	熱送風機	ヒータ1	ヒータ2	ヒータ3	ヒータ4	ヒータ5	回転数
設定温度1(℃)	180	300	280	○○	○○	○○	○○
設定温度2(℃)	180	○○	○○	○○	○○	○○	○○

③温度上昇が確認できたら、作業を開始する

作業時は必ず手袋を着用すること
……2回／週(月・木)または汚れたら交換すること

作業開始　投入・取り出しサイクルタイム　○○秒

①投入部品のカンバンと部品品番を確認する
②投入フックに1本ずつかける
毎日作業初めは、取り出し口まで製品が回ってくるまで投入作業のみになります
投入口に部品が引っかからないことを確認する
③排出口から部品が出て来たら1本ずつ部品完成箱に並べて入れる。指定の青箱に投入する(数取器を1回押しカウントする)
手袋着用!!　やけど注意!!
④ロット分(100本)投入後に、製造記録表に1ロット分のチェックマークを入れる
⑤以下、繰り返し　完成部品は素手で触れないこと

作業終了

①予定ロット分終了し、炉内に製品がなくなったら③のスイッチを送風に切り替える
②すべてのヒータ温度が60℃以下になったことを確認して、①のブレーカー・スイッチを切る　手袋着用!!　やけど注意!!

いつもと違うと感じたときは
すぐに作業をストップ!
管理者に報告すること

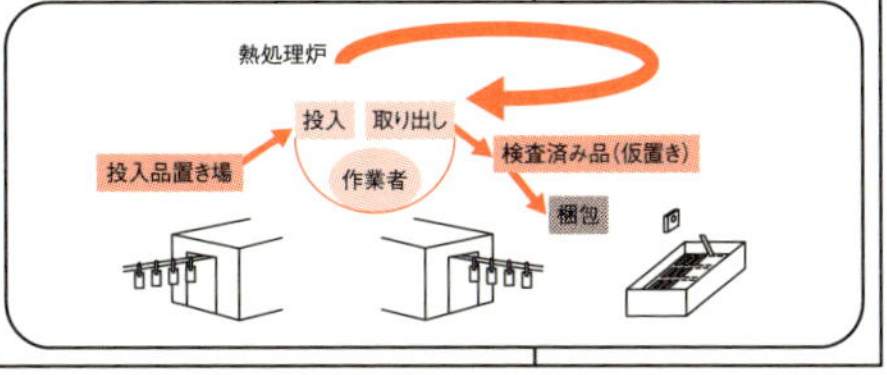

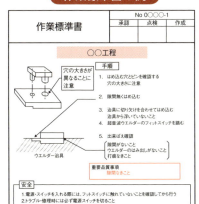

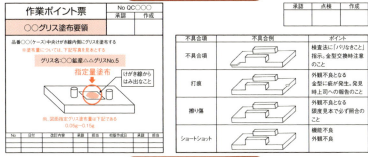

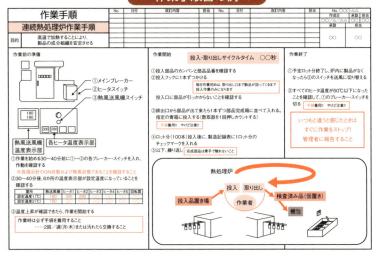

36 マルチオペレーターはなぜ必要か

フレキシブルな工程管理に必須

マルチオペレーターとは、1人の作業者が異なる設備や工程を複数同時に、または持ち回りで配置され、1人作業で工程品質が確保できる作業者のことを言います。その養成には次の利点があります。

①生産計画において工数計画を立てた結果、工程間の余力管理にばらつきが生じて、ボトルネック工程が発生した際に工程設計や変更が行える
②多品種小ロット工程が組みやすい
③多工程持ちが可能になり、ラインバランスが取りやすく、生産性が向上する
④作業者の負担を軽減する（午前は目を酷使する作業に就いたときは、午後は手作業を中心に配置するなど）ローテーションが組みやすい
⑤作業者のモチベーションが向上する

これらのことから、フレキシブルな工程管理が可能となります。ただし、以下に示すように注意すべき点もあります。

①教育訓練工数がかかる
②習熟度が下がることの防止策として、適切な間隔でローテーションが必要
③作業者によっては工程の選り好みが発生し、忙しく負荷のかかる工程や重責を担う工程を敬遠するようになる
④マルチオペレーター度の評価を業績評価とリンクさせる場合は、国内外および雇い入れ身分によって慎重な対応を要する
⑤降格要件を明確にしておかないと、えこひいきと受け取られるなど、特に業績評価と連動させた場合は労務上の問題も発生する

多品種小ロット生産やグループ別・機能別レイアウトを採用している工程は、マルチオペレーターによる多能工化や多台持ち化は必須条件です。これらを計画的に増やしていくことで、教育者への負担を軽減させましょう。

要点BOX
- ●多能工と多台持ちを育てよう
- ●教育訓練に工夫と工数が必要
- ●作業者の業績管理と連動させるときは要注意

工程の流し方の代表例

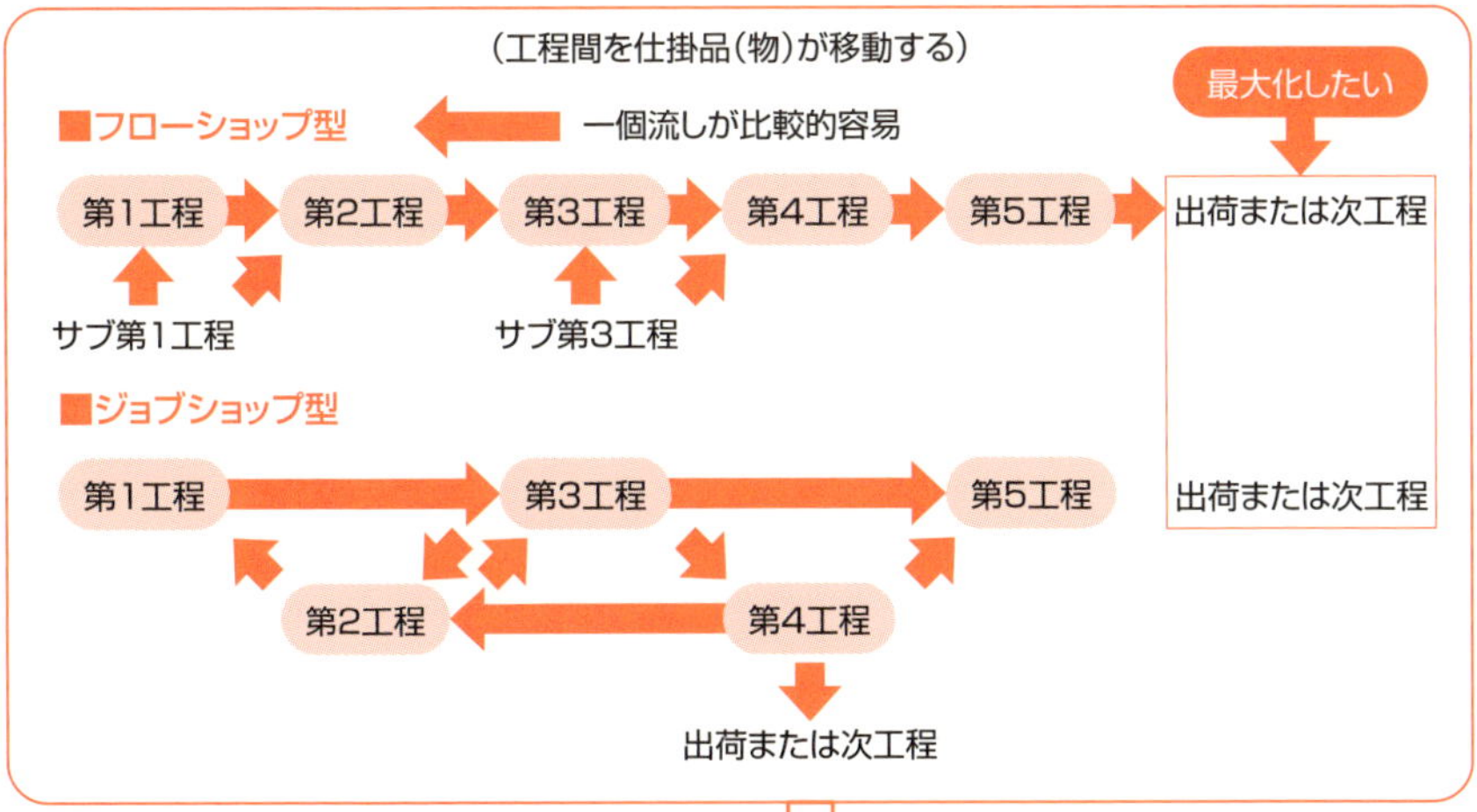

各工程の作業量にばらつきがあると
作業待ちや滞留が発生する

作業量のバラツキによる停滞のムダ

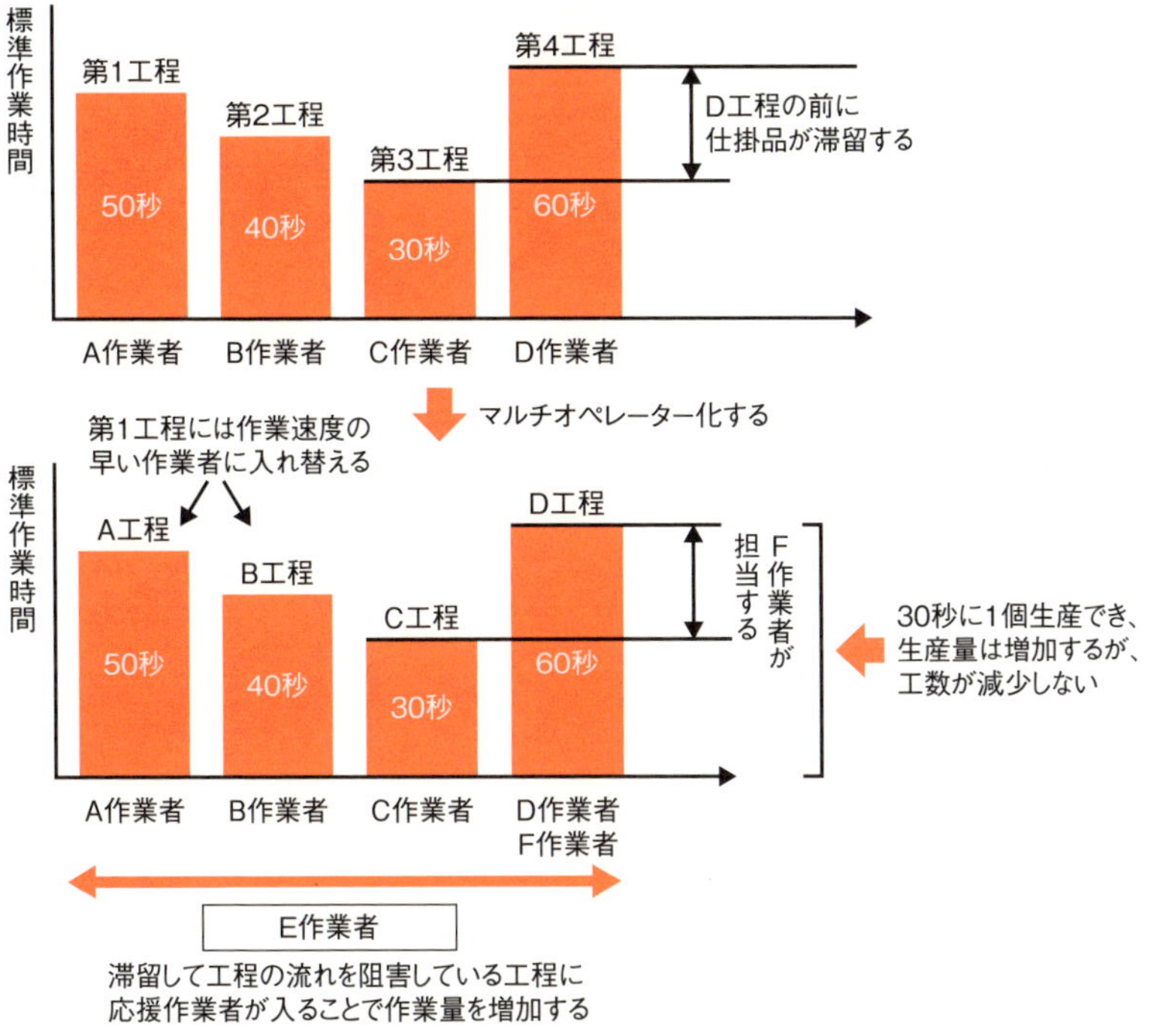

37 教育訓練方法を工夫しよう

スキル教育と習熟教育

マルチオペレーター教育は以下の手順で行います。これらを合わせて係数で表します。

①スキル教育→技能・知識・手順教育
②習熟教育→初期訓練→習熟訓練→再投入訓練

スキル教育が完了し、習熟訓練が終了すれば係数は1・0となります。この係数は、所要工数に対する実工数比を表しています。実工数／所要工数＝1・0が標準となります（図中の注を参照）。

次ページに示した図の例では係数0を起点としていますが、実際には0・5から始まる作業者がいるかもしれません。係数は一般的に、時間軸に沿って上昇していきます（習熟曲線は直線と仮定します）。係数1・0になる所要時間が1カ月だったとすると、1カ月間の実工数は0・5となり、この工程には2人の在籍人員が必要になることがわかります。

習熟曲線の角度が急（習熟が早い）であるほど、早く習熟した作業者に到達します。工程管理にとって、習熟が早いことは大事な要素です。

なお、習熟度は4段階に区分します。25%→50%→75%→100%→125%です。次ページの図に示したように、円の内部の塗りつぶしで表します。

すべて塗りつぶした場合は125%となり、作業指導が可能なレベルに到達したと言えます。作業者の工程への投入可能性を示しているため、0%という表現は用いません。そのような作業者を工程の作業者として登録はしません。

通常は、習熟度25%の作業者と100%以上の作業者がセットで作業に就きます。変化点管理ももちろん行います。次工程や検査工程は、当該作業者名が記された仕掛品や完成品が自工程に投入されたときに、特別検査を行います。

スキルの運用例を次ページに挙げます。習熟度の昇格と降格基準の事例です。作業者のモチベーションの維持・向上に効果的に利用してください。

要点BOX

- ●能力工数/所要工数＝1.0が標準
- ●習熟度は4段階で表す
- ●教育期間中は変化点管理行う

教育訓練の必要性

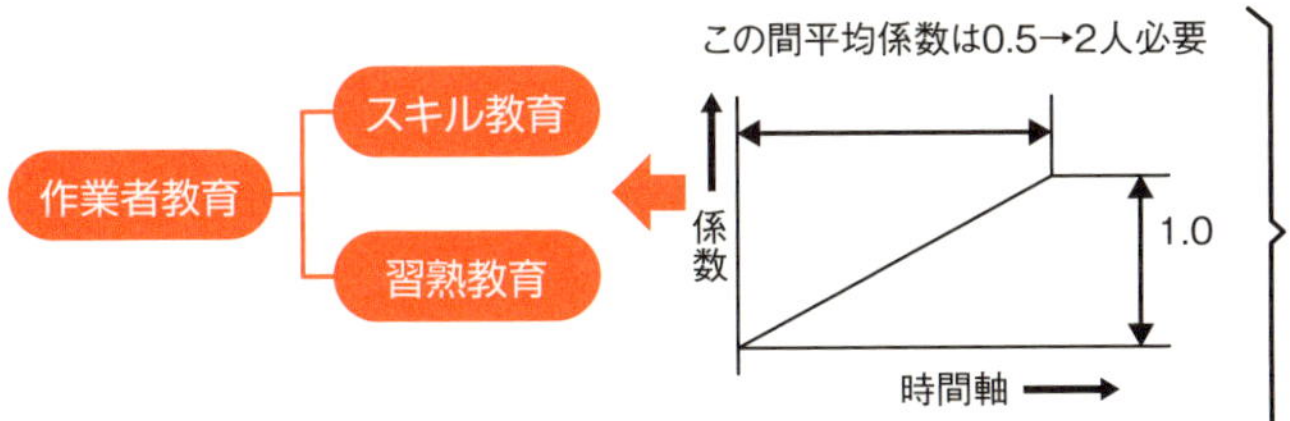

注）標準時間（IE）の作業標準時間の正味作業時間を主に扱います

スキルの運用方法

運用上の注意点	留意点
スキルの維持管理方法	定期的にチェックを行うルールを決めておく。不良品をわざと流してみて発見できるかなどのテストも行
離職場の期間の取り決め	1カ月間以上当該職場を離れていた場合に、再教育や監督者のチェックを受ける。変化点管理対象とする
品質不良発生時の取り扱い	発生回数でランクを下げるなどのルール化が必要である。ただし、賃金とリンクさせている場合は弾力性を持たせる必要がある
配置転換の方法	新職場への配置転換を嫌がることになる。賃金とリンクさせている場合は、一定期間内での取得を目標に弾力的な運用ルールが必要となる

スキルの評価基準

第1工程作業	A	作業指導ができる
	A B	1人で作業することができる（スキルアップチェックシート合格者）
	A B C	1人で作業することができるが完全ではない（指導者の補佐が少しでも必要な作業者）
第1工程 段取り替え作業	A	作業指導ができる
	A B	1人で作業することができる（スキルアップチェックシート合格者）
	A B C	1人で作業することができるが完全ではない（指導者の補佐が少しでも必要な作業者）
第2工程作業	A	作業指導ができる
	A B	1人で作業することができる（スキルアップチェックシート合格者）
	A B C	1人で作業することができるが完全ではない（指導者の補佐が少しでも必要な作業者）

B評価以上で1人作業可能　　C以下の作業者は必ず指導者と作業を行う

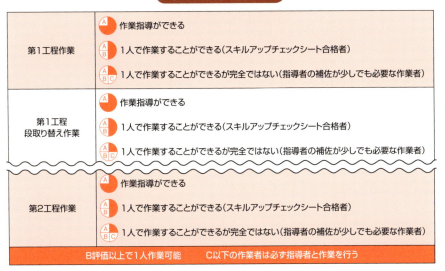

38 やる気を起こすスキルマップの活用

スキルマップでモチベーションアップ

マルチオペレーター教育には、スキル教育と前項で紹介した習熟度教育があります。モチベーションを引き上げないと、やらされ感が前面に出がちです。

近年は正規労働者に代わり、海外研修生や派遣社員、パート、アルバイトなど非正規労働者が増えています。また、海外工場のオペレーションも同様に、現地採用の労働者が中心で言語や宗教も異なります。それらの労働者に、日本式ルールに従って作業をすることを教え込むのは、決して容易ではありません。さらに近年では、国内でも正規労働者の定着率が低下し、終身雇用を前提にした徒弟制度のような教育方法では、育成が機能しない傾向が表れています。

マルチオペレーターを養成する際、ぜひ導入したいのがスキルマップです。どの工程にどの程度フレキシブルに人員配置が可能か、管理監督者と作業者が目で見る管理を行えるようにしたものです。こうしたツールにより、互いに納得して人財育成に取り組むことができます。その留意点は以下の通りです。

①原則、スキルマップは公開する

②評価方法は、前項に示したスキル評価基準を用いる。横軸にマルチオペレーターの対象作業者を、可能なら顔写真入りで並べる。縦軸は、マルチオペレーターの養成対象工程や設備名とする。縦軸は工程ごとにまとめる方法と、例えばマイクロメーターの測定作業など作業標準の重要ポイントを取り上げる方法がある

③教育訓練記録はISO9001や14001など国際ルールに則った方法を利用。改めてフォームをつくる必要はない。期待できる効果と留意点については、次ページの表を参照

仕事に対する達成感は、人種や身分を問わず存在します。上手に褒めるとモチベーションアップにつながりますが、降格基準や要件はあらかじめ定めて周知し、パワハラとならないよう留意をすべきです。

要点BOX

●評価方法はスキル評価基準を使用
●管理監督者と作業者自身が目で見る管理を行って徹底する

スキルマップの例

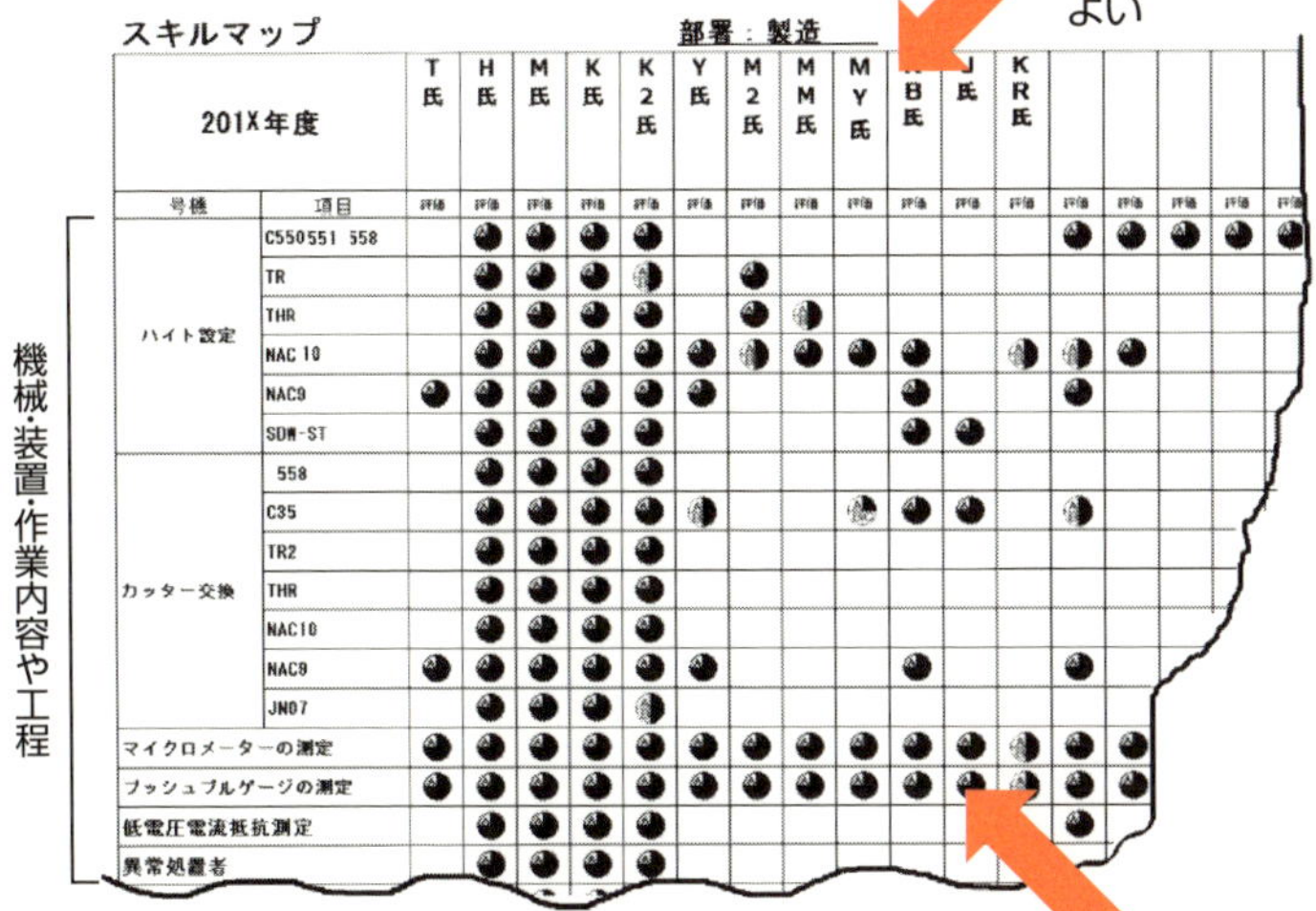

スキルマップ　　部署：製造

201X年度		T氏	H氏	M氏	K氏	K2氏	Y氏	M2氏	MM氏	MY氏	B氏	氏	KR氏					
号機	項目	評価	評価	評価	評価	評価	評価	評価	評価	評価	評価	評価	評価	評価	評価	評価	評価	評価
ハイト設定	C550551 558		●	●	●	●								●	●	●	●	●
	TR		●	●	●	◐		●										
	THR		●	●	●	●		●	◐									
	NAC 10		●	●	●	●	●	◐	●	●	●		◐	◐	●			
	NAC9	●	●	●	●	●	●				●			●				
	SDW-ST		●	●	●	●					●	●						
カッター交換	558		●	●	●	●												
	C35		●	●	●	●	◐			◐	●	●		◐				
	TR2		●	●	●	●												
	THR		●	●	●	●												
	NAC10		●	●	●	●												
	NAC9	●	●	●	●	●	●				●			●				
	JN07		●	●	●	◐												
マイクロメーターの測定		●	●	●	●	●	●	●	●	●	●	●	◐	●	●			
プッシュプルゲージの測定		●	●	●	●	●	●	●	●	●	●	●	◐	●	●			
低電圧電流抵抗測定			●	●	●	●								●				
異常処置者			●	●	●	●												

活用時の留意点

効果	留意点
各オペレーターの習熟度が周知される	掲示する場合は趣旨の説明を十分にしておく
教育計画立案が容易となる	別途教育計画書を作成するか、スキルマップの該当欄に教育予定日を記入してもよい
オペレーターのモチベーションが上がる	処遇との関係をあらかじめ整理しておくこと
自作業の責任意識が高まる	降格方法についてあらかじめ取り決めておく

39 全社的工程管理を支えるIoT

Internet of Things（IoT）とは

Internet of Things（IoT）は、「あらゆるものがセンサーでつながり、情報をリアルタイムで交換し、指示を伝達することを工場間・企業間や業界・他業界にも広げてネットワーク化する」という考え方です。今後さらに発展していきます。国境や海外との工場・関連企業とリアルタイムで情報ネットワークが構築され、あたかも一貫工程のようにQCDが管理されます。

ただし、IoTは企業間・国境を超えたネットワーク構築の仕組みづくりであるため、事前に社内管理体制の再構築を行っておく必要があります。その仕組みが曖昧な状態で、IoTを便利な電子ツールという認識で導入すると、当初に期待した投資効果は見込めません。まずは管理技術の向上を目指した計画策定と実行で、それをシステムに移行させるのであれば費用対効果が見込めるでしょう。

IoTをある程度クローズドシステム（自社内および遠隔地の自社、協力工場間のみ適用）にするか、オープンシステム（顧客や同業他社間も含めて適用）とするかの選択肢が発生します。工程管理の立場からは、IoTの導入は次の利点が期待できます。

①管理の状況（進捗管理、現品管理）がつかみやすくなる
②生産計画と工数計画から発注管理が迅速に漏れなく行われ、リードタイムの短縮につながる
③品違いや品質不良の発生低減につながる、および発生時に情報がつかみやすい
④工程設備のメンテナンスが容易となる
⑤工程条件の設定ミスなどポカよけ精度が向上
⑥設備や工程の治工具が相互に連携して動作し、作業のミスや疲れ防止につながる

あわせて軽微な道具や装置などを工夫し、楽に間違いなく作業できるものづくりを進めれば、IoTとの連携でレベルアップに期待が持てます。

要点BOX
- ●あらゆるものがセンサーでつながる
- ●導入前に管理技術の向上を目指した計画を立案し実行しよう

IoT活用による生産性の向上

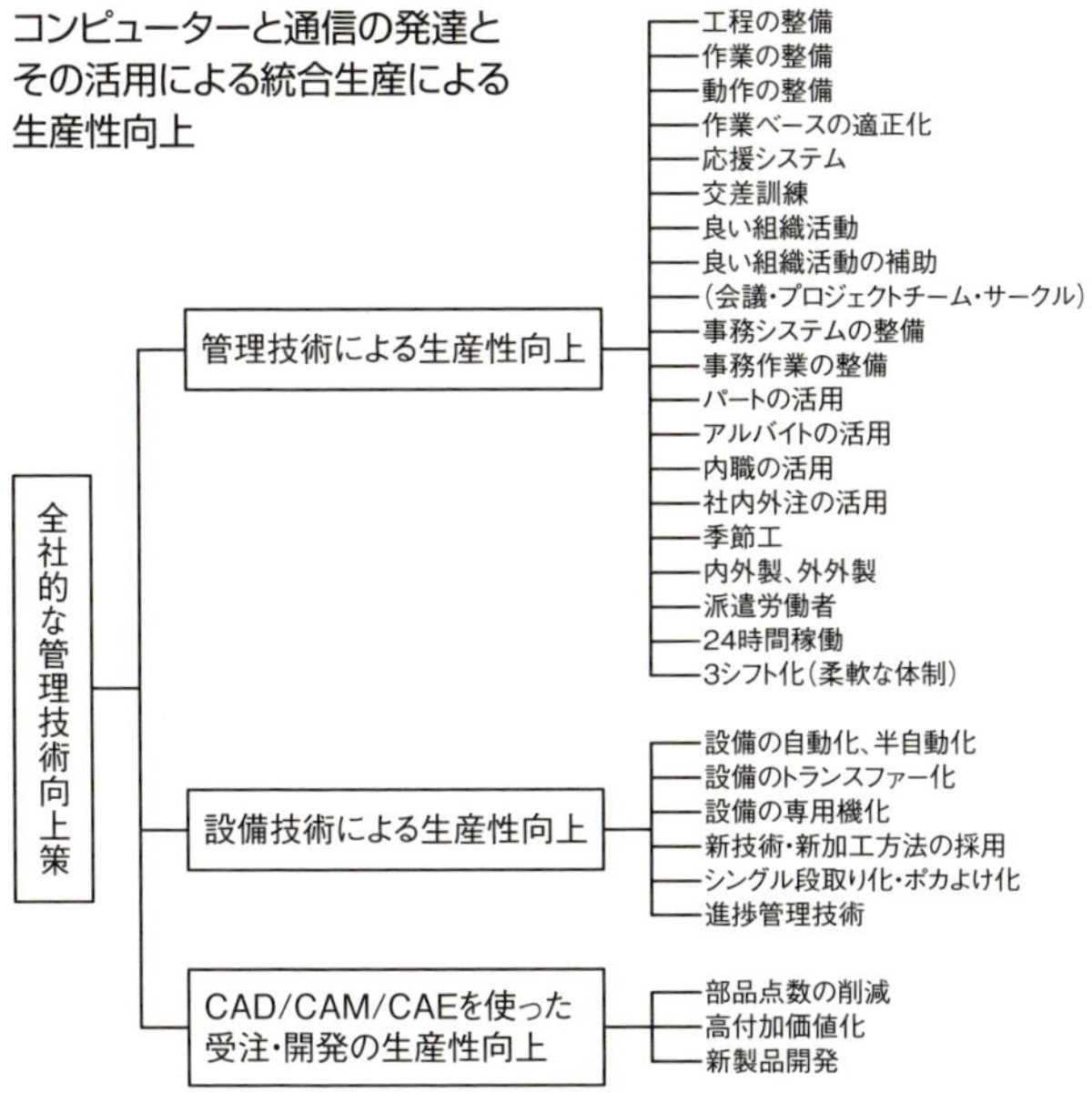

IoT活用の考え方

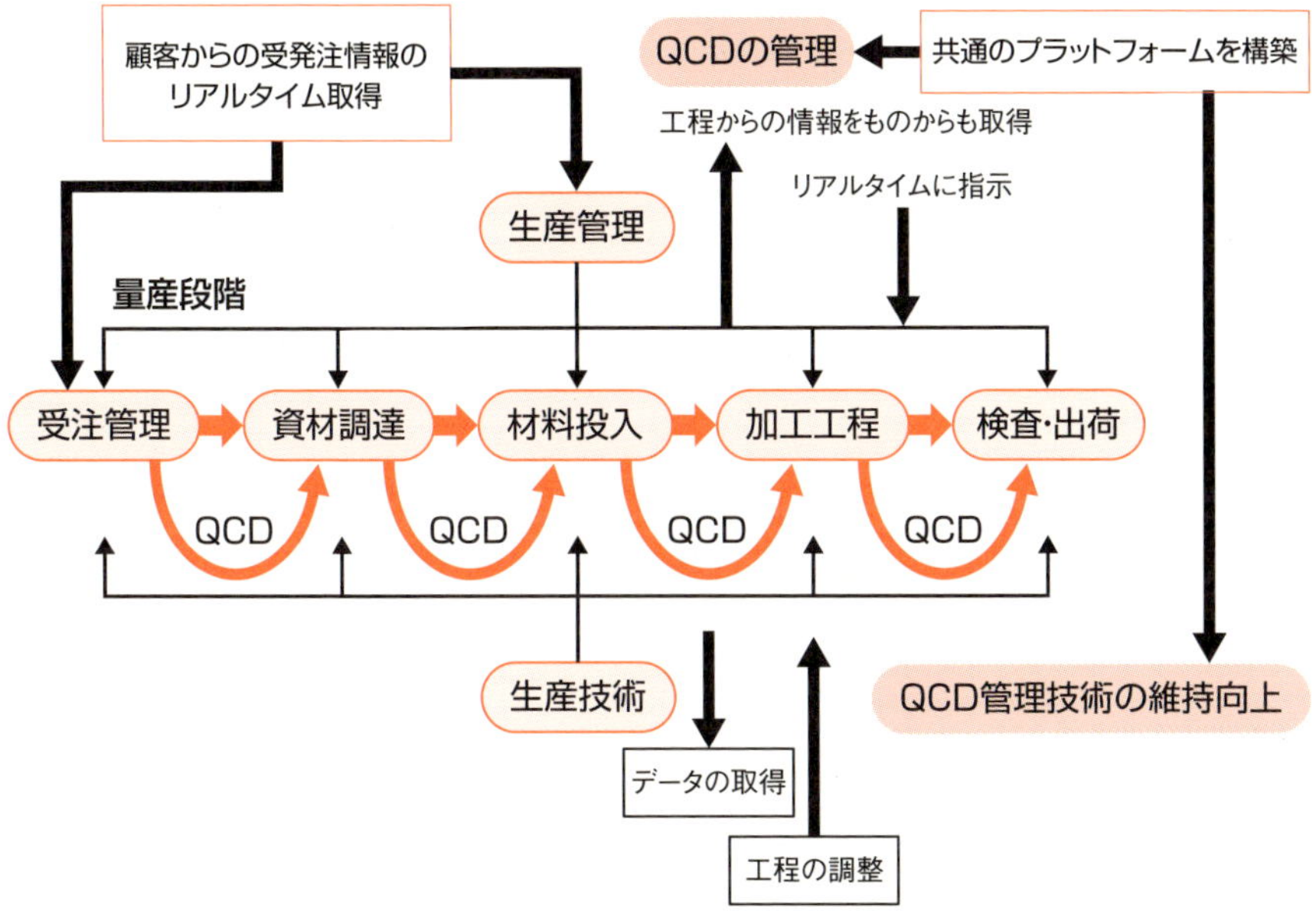

Column

工程管理に欠かせないIoTの使い方を見極めよう

紡績工場の経営層に在籍していたときのことです。

紳士服や制服（防衛省や警察、消防署）の生地を一貫生産していました。幅1・5m、全長55mが1反という出荷単位です。この中に、目で見える（実施には虫眼鏡で見えるくらい）のキズ＝疵（糸切れ・糸ムラ・異物など）が、5カ所あったら正価では引き取ってもらえない厳しい業界です。最終検査員は、分速1m程度で全幅を目視確認しますが、キズを発見すると、場所とその種類を特定して記録します。軽微なものはその場で修正することもあり、不合格になると修正作業工程に投入されます。しかし、作業負荷が大きく、検査見逃しが発生してしまいます。

そこで、タブレット型の記録装置と測長器をセットし、パソコンと連動してキズの位置で停止させ、タブレットで該当のキズをクリックすれば、記録が自動で行われ、正規品として出荷できるか自動判定し、倉庫の出荷指示を出します。

見逃しは激減しました。結果に気をよくして当時、イスラエルの巡航ミサイルメーカーが自動キズ判定検査機を販売開始したことを把握しました。大阪市で開催された見本市でデモを見て、実機を導入した企業で、量産製品を持ち込んでトライしました。結果は、見逃しはほぼ0となりましたが、問題がありました。キズを発見しすぎるのです。これでは、正規品として大半が出荷できません。キズは特定されますから、再度その部分を人間の目で判断する作業が入ります。これでは再検査工数が増大し、許容された製造原価に納まりません。

結局、導入をあきらめました。この検査機は、パソコンの液晶ディスプレイ表面フィルムの検査には絶大な効果があり、フィルム事業部の工場には導入されました。クレームが激減したそうです。巡航ミサイルはマッハ2で飛行しながら、自己判断して目標に到達します。素晴らしい技術ですが、フィルムのようにキズがあれば破棄する製品には使えても、修正可能な製品には難しいと判断しました。工程管理にIoTを積極的に導入すべきですが、ローテクも使い分けることが必要です。

第6章

工程管理をスムーズにするためのSCM

40 SCMとは

ものと情報の流れの全体最適化を構築

QCDを的確に全体最適で管理するためには、材料・部品の調達から加工工程、出荷、納品まで、一連の情報で統制するシステムが必要です。

SCMは、「ものと情報の流れ」の全体最適化を構築することです。工程管理をスムーズに行うには、全体の生産統制が円滑に行われることが欠かせません。全体の生産計画と工数計画情報から、自工程の生産計画や工数計画と余力管理を行っても、サプライチェーンのどこかで仕掛品が滞留すると、生産の平準化が果たせないからです。

自工程に投入された後に超短納期対応を余儀なくされ、品質不良などを起こした末に品質コストの上昇を招く結果となります。また工程では決められた手順通りに作業しても、超短納期対応などで変化点が多発すると品質に影響を及ぼします。長時間残業や休日出勤で作業者が疲労すると、作業への集中力の低下を招き、変化点が多発するなど潜在的な不良の芽が発生します。SCMの仕組みと位置づけを再確認し、自工程を円滑に運営すべきです。

近年、広域の自然災害や事故などの際に部品メーカーから供給が停止となったり、津波で工場が流されたりして、生産が継続できなくなりました。その教訓から、事業継続計画（BCP）の仕組みが決められました。企業にとって災害など最悪時の早期回復も含め、海外工場を含めた生産管理が維持されることはQCDの最適化として大切です。このとき、SCMが重要な役割を果たします。

SCMは、ものの流れの管理だけではなく、顧客を含むすべてを包括した情報を管理します。これらの流れの状態を、生産時点情報管理（POP）やIoTで漏れなく必要なときに取得し、判断と対応を可能にする仕組みが充実してきています。インターフェイスには各種センサーやバーコードリーダー、カメラなどが使われます。

要点BOX
- ●BCP=事業継続計画にも関連
- ●POP=生産時点情報管理にも関連
- ●IoT=もののインターネット化にも関連

SCMの構造

SCM = Supply Chain Management ← ものと情報の流れの全体最適化

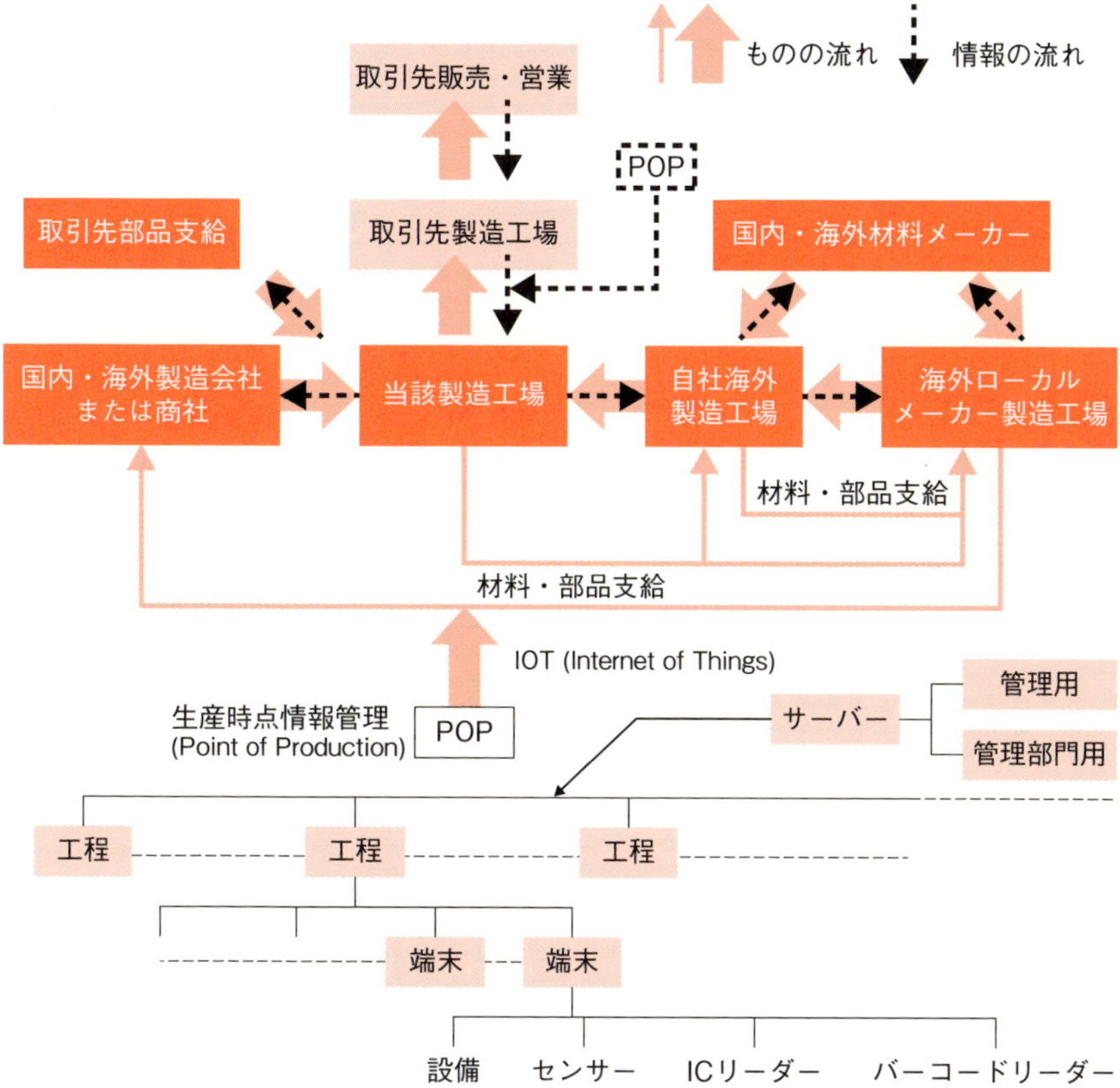

41 SCMにおける外注管理の落とし穴

情報伝達の工夫が必要

SCM（ものと情報の流れの全体最適化）において、外注管理には注意が必要です。自社の委託業務でほぼ100%を占めている場合は、自社の生産統制力で管理できます。しかし、委託業務比率が概ね30%以下の場合や、工程設計や設備を自前で設定できる企業の場合は、自社の都合だけでSCMを組み立て、QCD管理をすることは困難です。下請け企業・外注企業はSCM上の重要なパートナーであり、相互に協力関係を築かねばなりません。

しかし、自社も含めて顧客（取引先）との関係は、QCDの管理を行う、または管理をされる立場になる以上、常に自社から外部へノウハウ流出の危機に晒されます。近年では、国内工場や外注工場に試作や小ロットのみを発注し、大ロットは海外工場で廉価に生産するようなビジネスモデルを採る企業が増えています。そのような顧客を見極め、自社のノウハウ流出を防がなければ、競争力を失うことになります。以上のことは、自社に対する外注工場から見た場合も同様です。

またSCMの中で、自社のどの部門がQCDを管理するかを決めていないと、さらに情報が停滞します。例えば外注化率をどの程度にするかは、利益計画など経営方針とも絡んできます。自社にとって都合良く便利に使いたい外注工場ですが、以上のような難点があることも留意が必要です。

①外注工場に対する第一義的な窓口を決める→進捗管理部門が担当すると外注工場にとってワンストップサービス的な関係を構築できる

②外注工場の選択基準を明確にする→加工賃か品質、納期、技術なのか使う目的を明確にし、特徴を理解してSCMに組み込む

なお、調達購買部門との連携でISO9001の要求事項にも規定がありますが、購買先評価を実質的なものに改めておくとよいでしょう。

要点BOX
- ●外注企業はSCMの重要なパートナー
- ●ノウハウの流出を防止する
- ●外注工場の特性を理解する

SCM上の外注工場の位置づけ

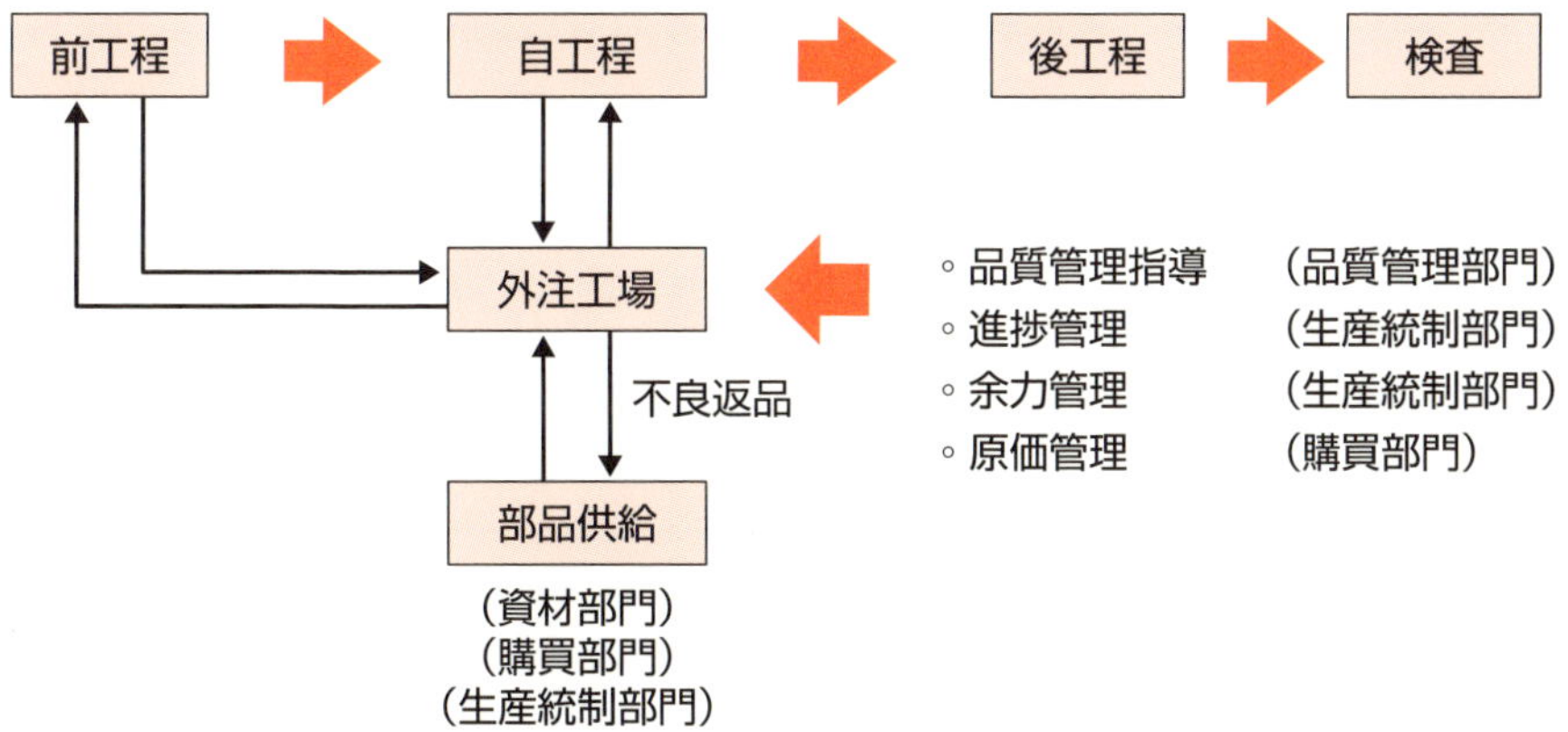

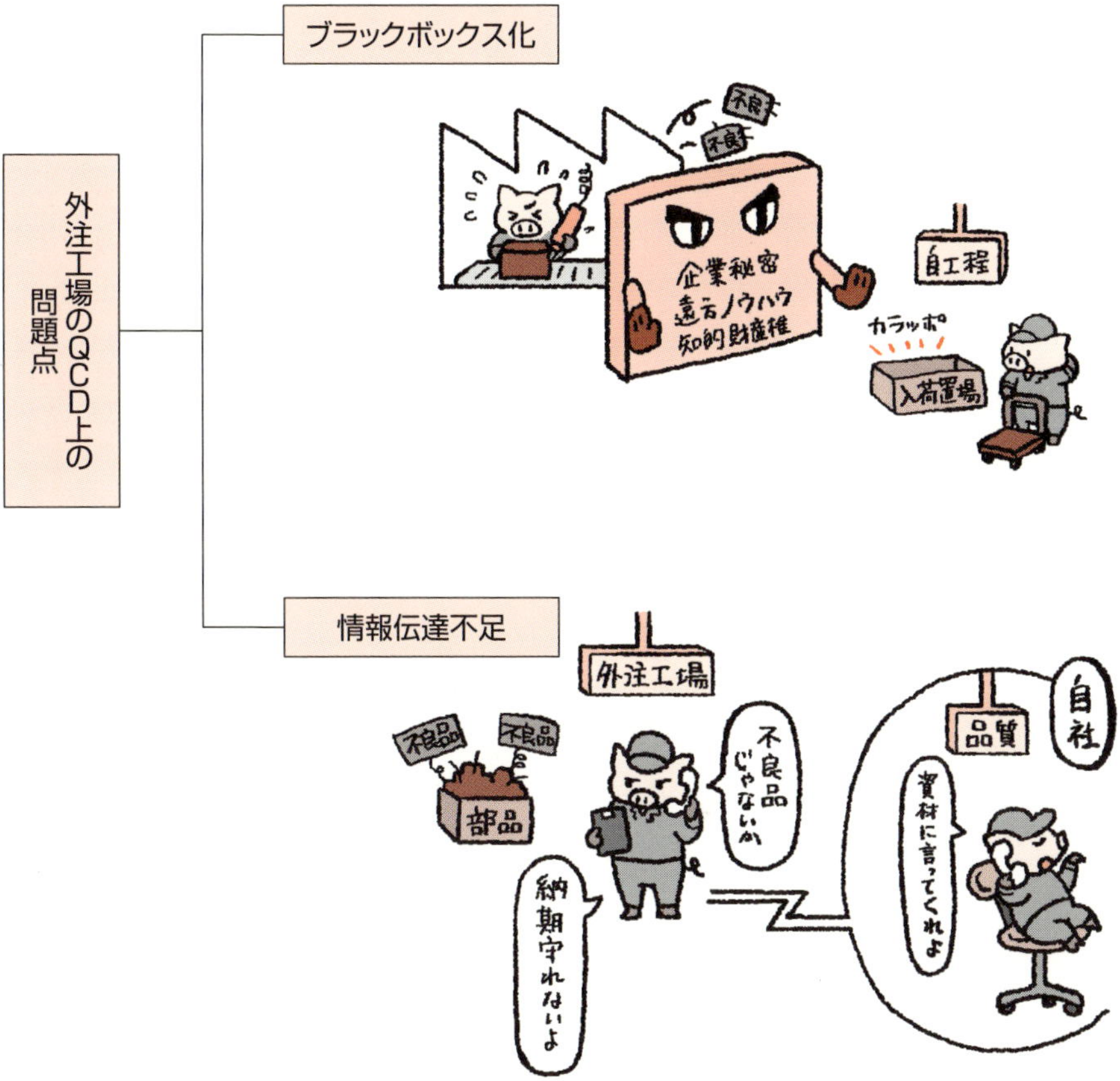

42 リードタイム短縮は短納期化の切り札

生産管理・工程管理の総合力

SCM（40項を参照）を含めた工程管理を行う上で、リードタイム（広義・狭義）を無理なく短縮することは、短納期対応のみならず種々の外乱（突発納期対応、品質不良対応など）に対して、余裕を持って対応できるようになります。

リードタイムには、受注から納品までの期間を指す場合と、工程で生産に要する期間だけを指す生産リードタイムがあります。生産リードタイムを詰めることはもちろん、全期間のリードタイムを縮めることは生産計画の基本的な能力を高めます。

主な手法は以下が挙げられます。

①コンカレント・エンジニアリング（CE）の採用
②材料・部品手配のリードタイムの短縮
③工程内保証体制の構築

①は、商品開発段階から生産の段取りを、並行して検討することが有効です。CEを採用することで設計開発が完了し、工程設計から生産準備段階で、想定外のトラブルにより開発設計まで再検討するようなムダが低減します。そのためには各部門の協力体制が必要ですが、主に生産管理部門が主幹部署となり、統制管理することが多く見受けられます。要所では、経営層も参画することが求められます。

②は、量産開始後の繰り返し受注段階におけるリードタイム短縮が期待できます。特殊仕様の材料は発注してから数カ月で、場合によっては既存の仕入先で生産が打ち切られ、仕入先変更が生じる場合もあります。SCMの構築も含めた対応が大切です。

③は各工程を通過する際に、検査工数と期間がボトルネックとなり、リードタイムが長くなることがあります。検査は自工程保証を行い、最終検査工程の負荷や総検査工数を低減すべきです。

リードタイムが短縮できない原因は単純ではありませんが、生産管理や工程管理の根本問題が含まれていることが多く、計画的に実行したいものです。

要点BOX
- ●コンカレント・エンジニアリングで開発推進
- ●繰り返し受注はSCMの充実と工程内品質保証で対応する

コンカレント・エンジニアリングとは

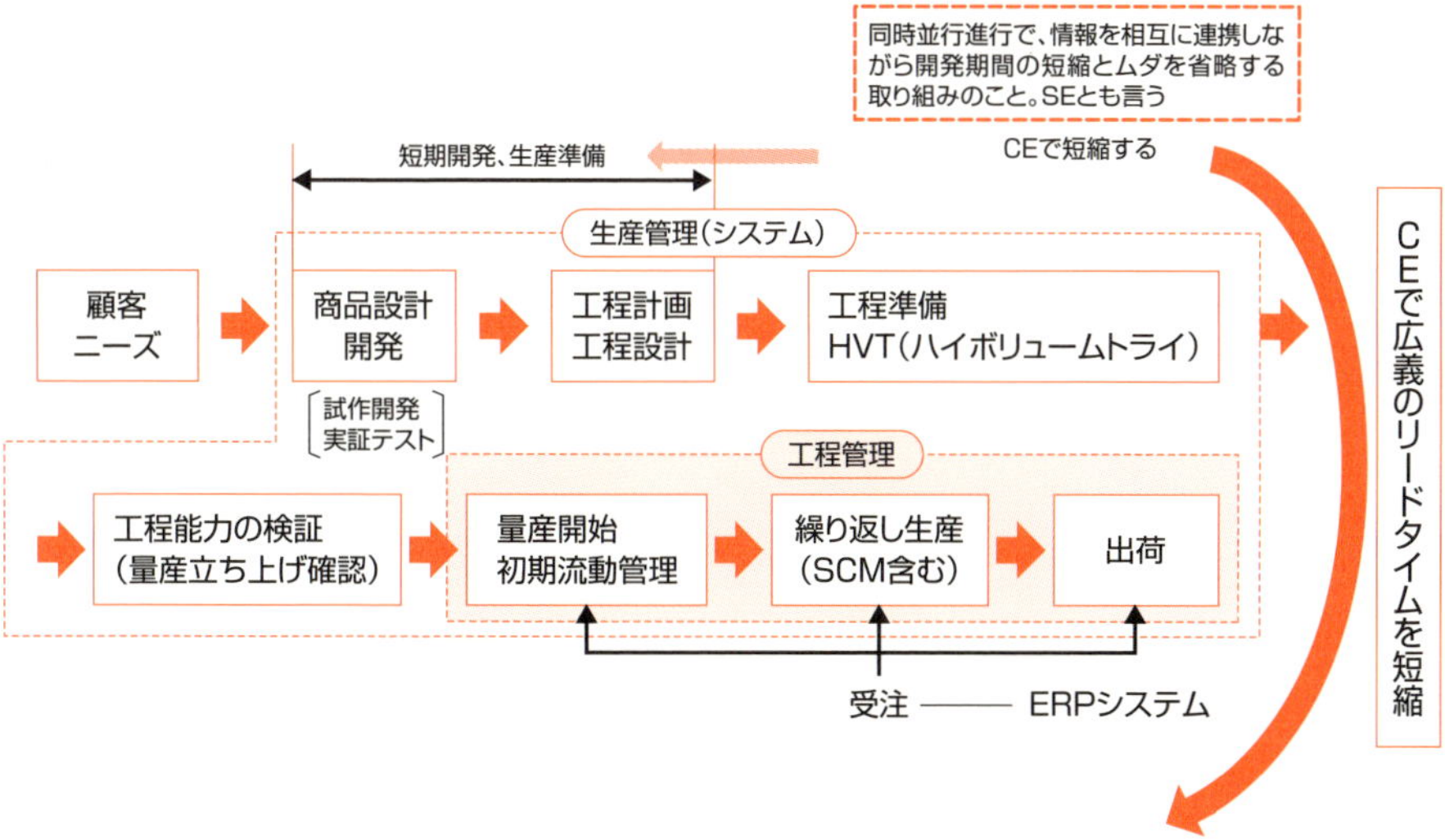

リードタイム短縮の検討項目

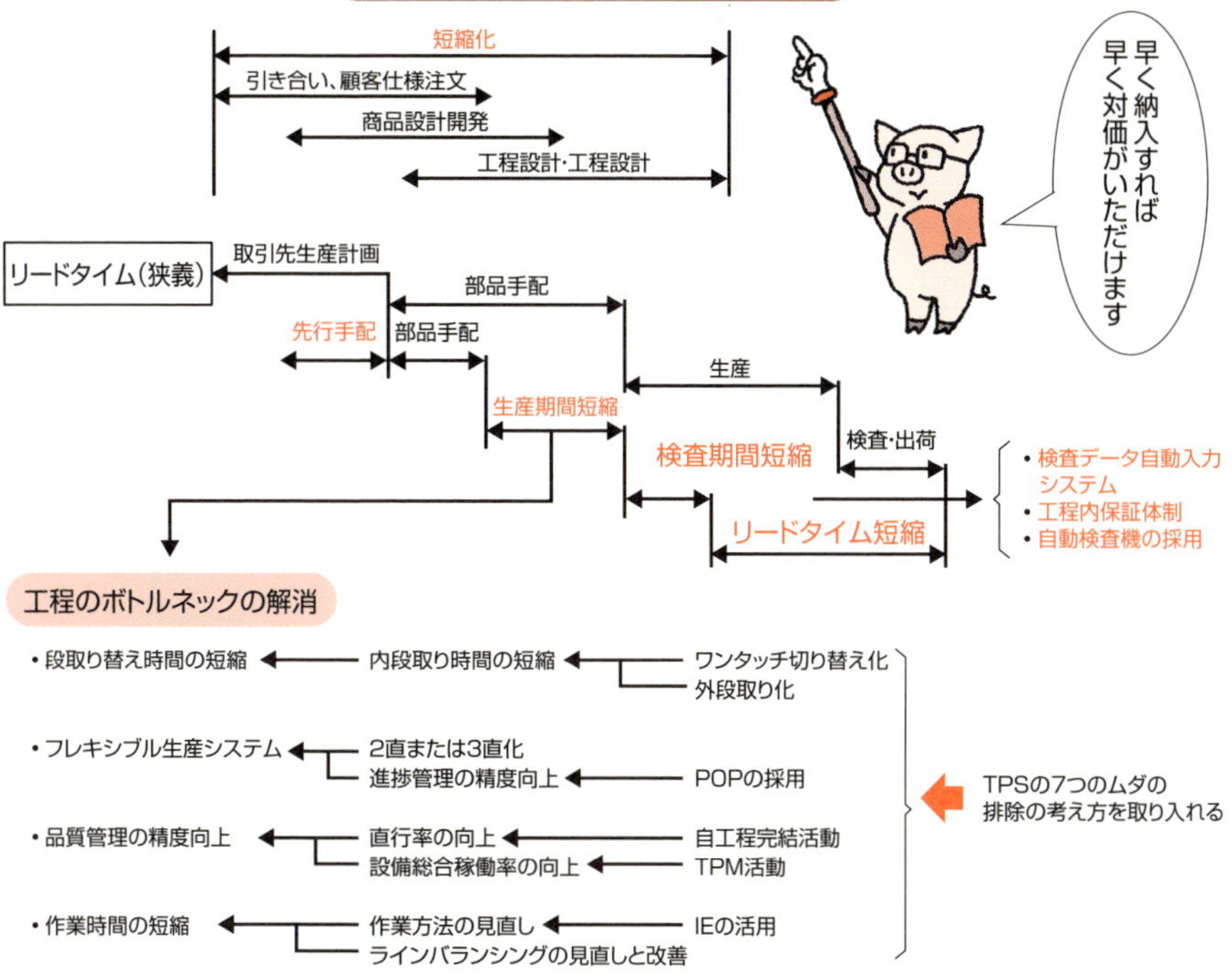

43 TPSを理解し活用しよう

徹底的なムダの排除

トヨタ生産方式（Toyota Production System：TPS）は、徹底的なムダの排除で生産性を向上し、利益を増大させる仕組みです。ムダの代表的な指標として、以下に掲げる7つのムダがあります。

①つくりすぎのムダ
②手待ちのムダ
③運搬のムダ
④加工そのもののムダ
⑤在庫のムダ
⑥動作のムダ
⑦不良をつくるムダ。

「必要とするものを、必要なときに、必要なだけ、必要とする部署が取りに行く」ことが基本となります。ものの同期化を図り、一定の生産量に平準化する生産計画も必要です。

生産管理や工程管理にノウハウが集積されていて、効率を極限まで追求する取り組みを、常に改善活動を通じてレベルアップしていきます。

人や設備効率、生産性だけに着目し、製造原価を下げることが利益に直結するとされてきた従来の考え方から、売れるものだけをつくる考え方が基本となります。そのため小ロット生産方式が必要になり、段取り時間の短縮やシングル段取りを実現するために、生産方式の工夫も問われるのです。

さらに、不良品を後工程に送らないこと、不良をつくり続けないこと、マルチオペレーターの養成で多台持ちを行うことが求められます。このほか工程内で自動計測し、不良を発見したら自動停止する（自働化）加工装置・設備の開発や、それを作業者に知らせるシステムの開発も欠かせません。

多台持ちを行うために加工機の操作性を標準化したり、ポカよけやフェイルセーフ機能を付加したりすることや、安全装置の設定など生産技術力を有していて成立する工程と言えます。

要点BOX
- ●7つのムダを考えよう
- ●不良をつくり続けないこと
- ●不良品を後工程に送らないこと

生産性向上と原価低減を狙う仕組みづくり

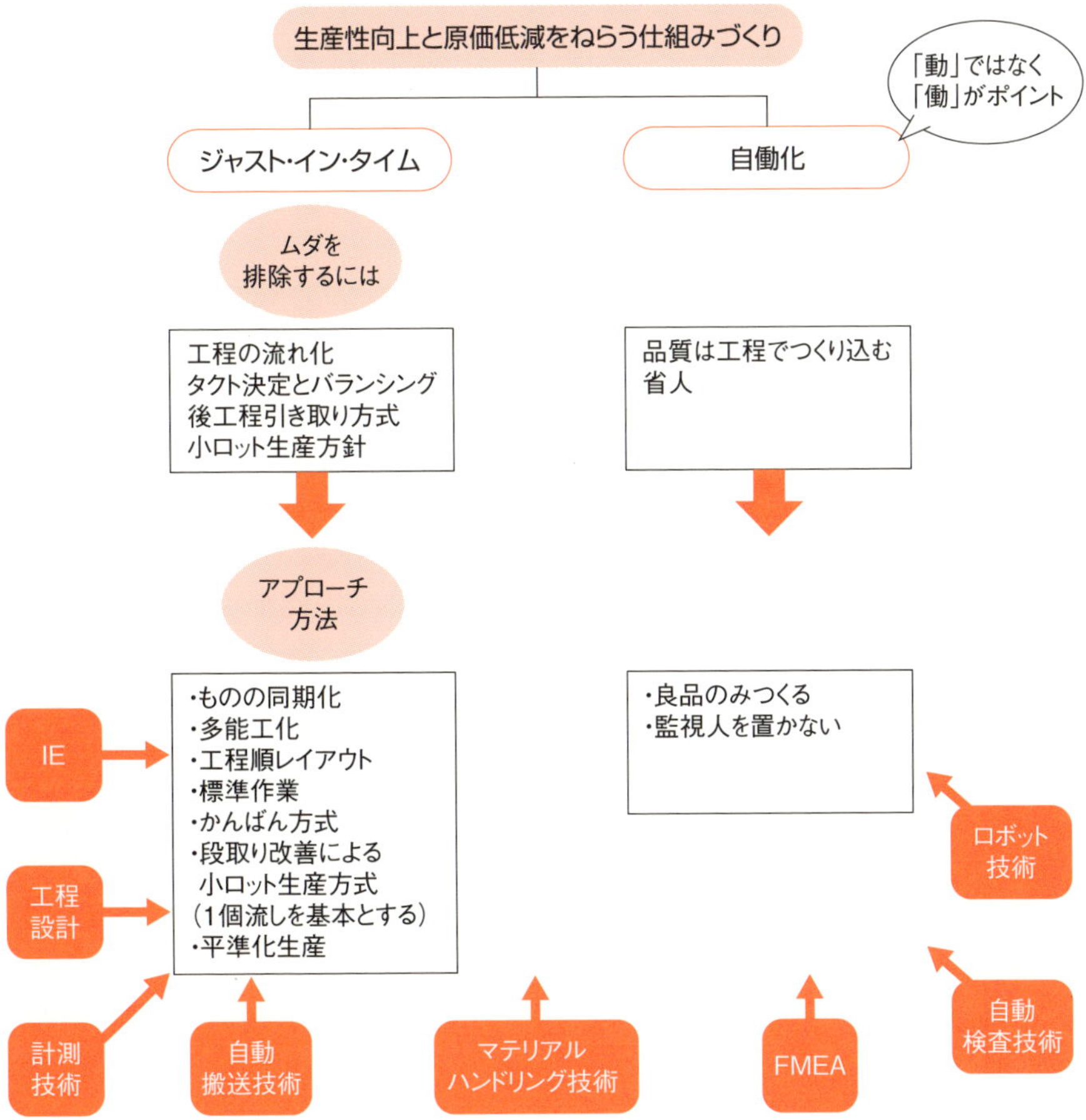

44 品質管理の重要性を知ろう

自工程完結活動を徹底する

自工程完結活動（34項を参照）は、TPS（43項を参照）による徹底的なムダ排除の活動に対して、工程管理が最も力を入れるべき活動と言えます。その中で品質管理は工程管理におけるQCDのQとして、CとDに多大な影響を与える事項です。

自工程完結活動は、自工程で管理方法を工夫して、目で見る管理で工程内保証を極力行う手法です。工程管理項目は、工程管理監督者が適当に決めるべき項目ではありません。ねらいの品質が企画設計開発部門で決められ、工程計画や工程設計が行われます。工程が準備されて量産の工程能力が測定され、量産開始が決定されます。その一連のフローの中で、工程で何を管理すべきかを決めるのです。

製品設計開発や品質管理部門には、顧客から製品仕様や受入検査仕様が明示されることが一般的です。これらは、契約条件に該当しますから、最終出荷検査項目で保証対象項目となります。

製品設計開発部門は、それらの仕様を工程設計や品質保証部門に引き継ぎ、工程管理部門はそれらの仕様を品質管理部門や生産技術部門と連携して、工程管理項目に織り込みます。その上で、それらの管理項目を代用特性値に置き換えたり、作業標準書に落とし込む際、具体的に目で見る管理が行えるように置き換えたりすることも実施します。それらがすべて工程管理項目となります。

最終出荷検査項目に向け、工程管理項目の結果を添えて次工程に引き渡され、最終検査工程では定められた契約条件の検査項目と、あらかじめ定めた工程の重要管理項目に該当する項目を検査し、出荷可否を判断します。

なお、工程管理項目を決定する際に、次ページに示したQC工程表や工程FMEAなどを用い、管理項目に漏れや二律背反（トレードオフ）が存在しないかをチェックするとよいでしょう。

要点BOX
- ●最終出荷検査項目は顧客との契約条件
- ●品質管理部門と連携して管理項目を決める
- ●品質管理はQCDにおける最重要項目

工程管理と品質管理の関係

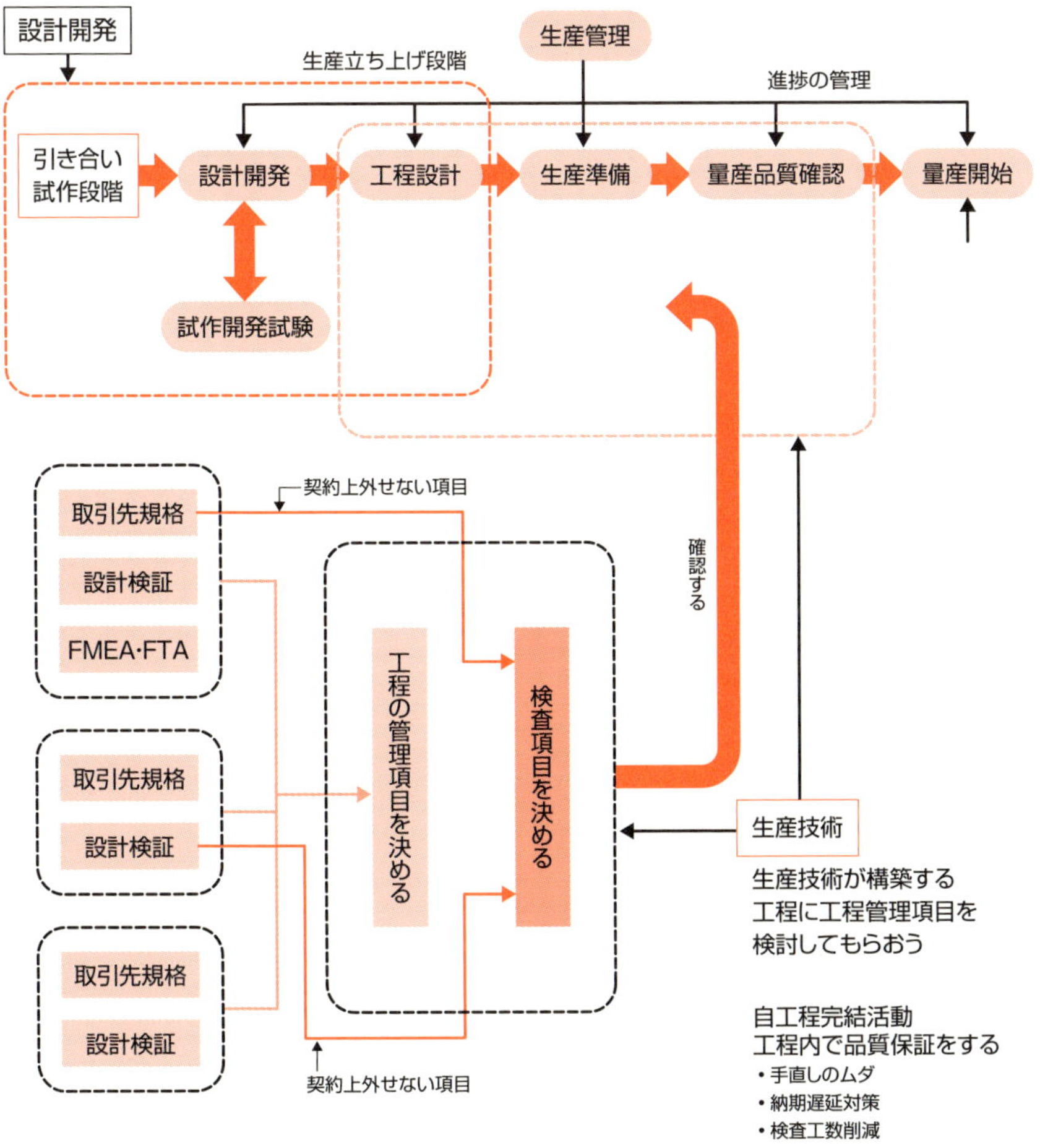

45 品質不良対策とは何か

工程内不良を低減する

　工程管理において、品質不良はQCDすべてに悪影響を及ぼしますが、品質不良対策は品質管理部門や検査部門が主幹部署と考えないようにすべきです。自工程完結活動の要点は、自工程で不良をつくらない、つくり続けない、次工程に不良を流さない、前工程から不良を引き取らないことです。

　不良の原因は、製品設計や工程設計段階で織り込まれた内容もあります。そのため工程管理は、新規製品の設計段階に工程管理上の問題確認と対策が必要です（32項を参照）。しかし、そこですべて対処できるかは自社のノウハウに依存し、量産開始後に繰り返し生産段階で不良が出る場合はあります。

　不良は大別して①自工程内不良、②流出不良の2つです。自工程内か流出かの区分は、一般的には自社内で捕まえた場合は①、顧客へ到達してしまった場合は②を選択します。

　②になった場合は最悪、リコールを含めた対応となるため、②に対策の主眼が向かいがちです。手当は必要ですが、大切なことは①の自工程内不良を低減する活動です。工程内不良が多発していれば、必ず流出します。不良対策には、非常に多くの工数と優秀な人材を投入することになります。工程管理だけで行えないことも多いですが、活動全体としての理解は得ておくことが求められます。

　また、品質不良が多い工程は、ケガの発生が多い傾向にあります。原因は、ルールが決まっていない、守られていない、設備管理がされていないなど品質不良の原因と同じです。

　工程管理の基本は、ルールをつくる、守る、守っている状態を確かめる、にあります。守れないルールは改善します。昨今、リコールで企業の存続さえ危うくなる事態が多発しています。工程管理においても、品質管理は重要事項であることを忘れないようにすべきです。

要点BOX
- ●流出不良と工程内不良がある
- ●工程内不良を低減することが大切
- ●自工程完結活動の基本的活動

品質不良低減のフロー

工程 → 出荷検査 → 市場・顧客 → クレーム不良発生

流出不良 → クレーム不良発生

不良をつくらないことが大切（流出不良 → 工程）

↓

不良が発生

- 原因〜対策のため工程が停止する
- 手直し、廃棄の損失が増える
- 対策のために人手をとられる

QCDが守れなくなる
コスト上昇
顧客の信用が落ちる

不良低減活動に織り込む要素

- 不良を受け取らない
  - 全品良品保証
    - インプット情報の確認
    - ★保証の網の確率
      - 1個流し生産体制の整備
      - ポカよけ・自働化
      - 目で見る管理
- 不良をつくらない
  - 工程能力の維持管理による良品保証
    - ★設備・金型・治工具の維持管理
      - 5Sの徹底
      - 自主保全の確率
      - 異常管理の徹底
      - 設備強制劣化の修復
      - 設備・治工具精度の向上
      - 自働化・フールプルーフ化の導入
    - ★人の維持管理
      - 躾の徹底
      - やる腕（知識・技能）の付与
      - やる気の付与
      - やる場（職制・委員会・QCサークル）の付与
    - 材料・部品の維持管理
      - 購買先選定・評価・指導
      - 工程能力調査と管理図活用
      - 変化点の把握と管理
    - ★方法の維持管理
      - 標準化・単純化・簡素化の推進
    - 測定の維持管理
      - 計量管理の徹底
    - 情報の維持管理
      - 情報網整備・セキュリティの徹底
  - 工程能力の改善・開発による良品保証
    - ★設備・金型・治工具の改善・開発
      - 新設備・金型・治工具の開発
      - 新技術の導入
    - ★人の教育・スキル向上
      - 人材の採用・教育・活用の徹底
      - 組織の改善・開発
    - 材料・部品の改善・開発
      - 新素材の開発・活用
      - 購入先の開拓
      - 代替材の発見・活用
    - ★方法の改善・開発
      - 新技術・加工方法の開発
    - 測定の改善・開発
      - 測定・計測器の自働化・機械化
    - 情報の改善・開発
      - 情報ネットワークの活用
      - クラウドコンピューティングの活用
- 不良を流さない
  - 全品良品保証
    - アウトプット情報の確認
    - 保証の網の確立
      - 1個流し生産体制の整備
      - ポカよけ・自働化
      - 目で見る管理の徹底
    - 検査装置の維持・管理
      - 自働化・電子化・ポカよけ化

★印は、特に工程管理で重要な項目です

46 失敗に学ぶノウハウの構築

問題解決手法を学ぶ

工程管理においてQCDを管理する際に、計画通りに実行できないことや、突発的な不具合に見舞われることは多発します。一般に不具合は早く取り去りたいという感情が働くため、うわべの対策だけを行って完了させると、不具合はいつまでも再発します。元から絶つということは大切な視点です。

また、失敗を貴重な体験として、体験→経験→ノウハウ→標準化→水平展開→教育啓蒙→失敗の体験のプロセスが働いているか確認しないと、貴重な体験がムダになります。失敗は、貴重な資料として活用する知恵が必要です。手順は以下の通りで、問題解決手法の一般的な形態で十分です。

①テーマ選定→重要度もしくは早期解決を期待するものから選ぶ
②現状把握→QC7つ道具を用い、簡単なグラフや発生現象ごとに整理して現象と原因を区別
③問題点のまとめ→テーマと問題点を並べ、問題点は本当にそうか再点検する
④目標の設定→どこまで減少させるか、費用と工数の兼ね合いで決める
⑤要因分析→問題点の原因や要因を検討する。QC7つ道具やブレーンストーミングを用い、意見が出やすく使いやすい方法を選べばよい。コツは連関（人の意見をヒントに議論を重ねる）して意見を出すこと。出された意見への批判はやめ、意見をまとめて結論を出す
⑥対策立案→費用対効果や着手の容易性などを考慮して対策順序を計画する。実行責任者も同時に決める
⑦対策効果の確認→現状把握や要因分析を使って確認する
⑧再発防止・歯止め・標準化・水平展開→忘れた頃に繰り返さぬようとどめを差す癖をつける
⑨まとめ→後輩や他部署のために反省点を伝承

要点BOX
- QC7つ道具を学ぼう
- 再発防止・歯止め・標準化・水平展開の仕掛けを忘れずに用意する

工程内・後工程不良対策表

発生日	不良現象	発見者	発見工程	担当作業者	不良原因	対策	対策予定日/対策完了日	対策担当者	管理者確認	備考
○月○日	○○○ー△△△△部品組付忘れ	第②工程担当A	第②工程	第②工程担当A	作業中断時再開時に忘れ	作業中断時に作業中断エフを作業完了部分につける	○月○日/○月○日	組付工程班長	○月○日	水平展開を行うこと
○月○日	○○○ー×××× 部品誤組付	検査課C	検査課	第③工程担当B	部品Aを誤ってBで組み付けた、部品箱に誤品混入	部品供給箱の切替時に部品が残されていないか確認する、作業チェックシートにチェック欄を新設	○月○日/○月○日	組付工程班長	○月○日	チェックシートフォームすべて更新済
○月○日	○○○ー××△△部品変形	検査課C	検査課	第④工程担当D	部品Bを誤って落下させたが、部品箱に入れずに組み付けた	落下部品の使用禁止指示の徹底、作業ポイント表に追記再教育実施、作業実施確認を抜き取り確認実施	○月○日/○月○日	組付工程班長	○月○日	朝礼で事例を紹介

原因→対策が単純や簡単なものは対策状況表に都度記入していく

工程管理のノウハウの蓄積方法

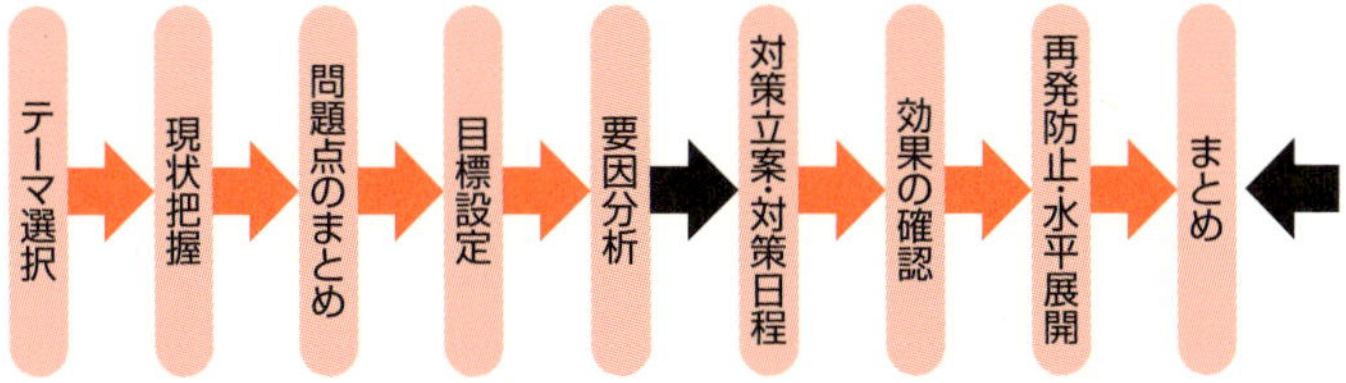

問題点がつかみにくいもの、対策に工数がかかりそうなものや、自部署だけではできないものは、QCストーリーでもとめていくとわかりやすく、関係者を説得しやすい

問題点の整理

- 共通項でまとめる
- 費用対効果を検討
- 重要度・容易性を検討

要因解析

- ブレーンストーミング
- なぜなぜ解析
- その他解析ツールの活用

主要因の決定

- 主要因のピックアップ
- 裏付けデータの補足
- 主要因の周辺も押さえる

ノウハウ蓄積の重要ポイント

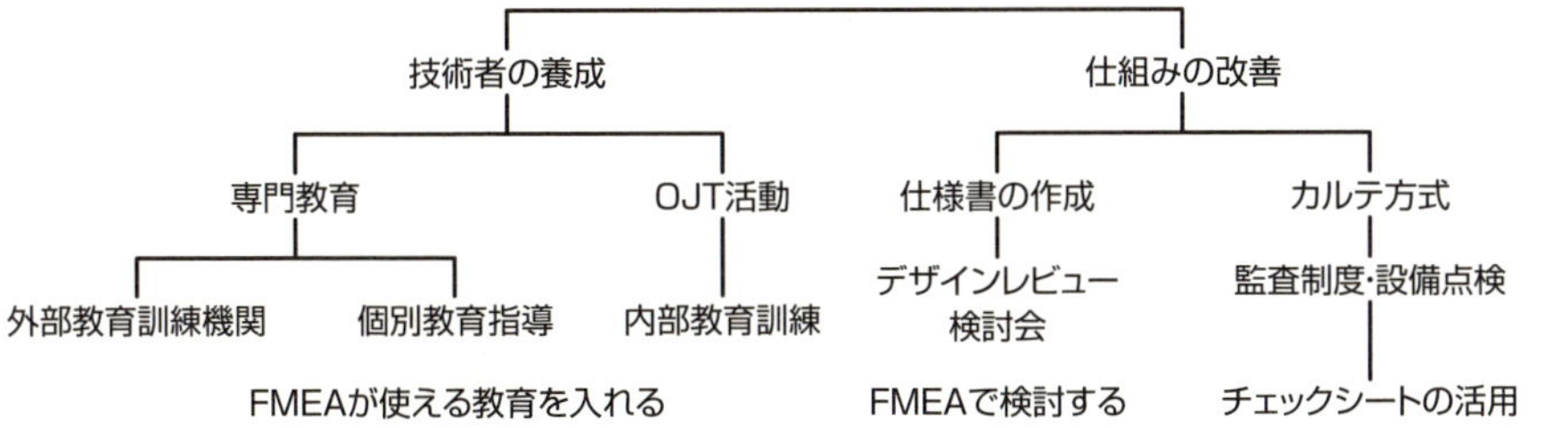

Column

マルチオペレーターと教育コスト

外国人派遣社員に限らず、非正規社員を雇い入れる場合に注意すべきは教育コストです。そのために、定着率の向上を図る必要あります。例えば時給1500円の派遣社員を雇い入れる場合(彼らの給与はもっと低いですが)、その瞬間から労務費(外注加工賃)が発生します。教育を実施してそこで退職されると、また最初から教育を開始しなければなりません。しかし、労務費は発生し続けることになります。これは、工程管理としては厳しい現実です。

正規社員であれば、自社の採用時にある程度確認できますが、派遣社員は派遣会社が同社の要求条件に合致したという判断結果を持って派遣してきます。

工程は、その力量を現場で教育を実施しながら確認していくしかありませんが、それだと非効率です。そこで、工程管理基準から工程作業者の採用基準を作成し、配布しました。つまり、派遣会社の自工程完結活動に期待したということです。人をもの扱いするとお叱りを受けるかもしれませんが、4MのMAN（人）に対する品質確保です。

チェック結果をもとに書類選考を行い、最終面接を経て採用する手順を定めました。派遣会社は、派遣すれば終わりではなく、派遣した人的品質に責任を持つようにしました。定着結果は、派遣会社にフィードバックして採用時チェックシート結果を修正しました。派遣会社と協働して、派遣社員のレベル確保を行うことがWIN・WINの関係となります。テストの一例を紹介すると、15分間（人間の注意力持続限界時間）ひたすら同じことをさせる、例えば生地に直線を引いて、その上を運針（縫い糸と縫い針で縫う作業）させると、注意力がよくわかります。これは結構、効果的でお奨めできます。

第7章

運営上手な工程管理の考え方と方法

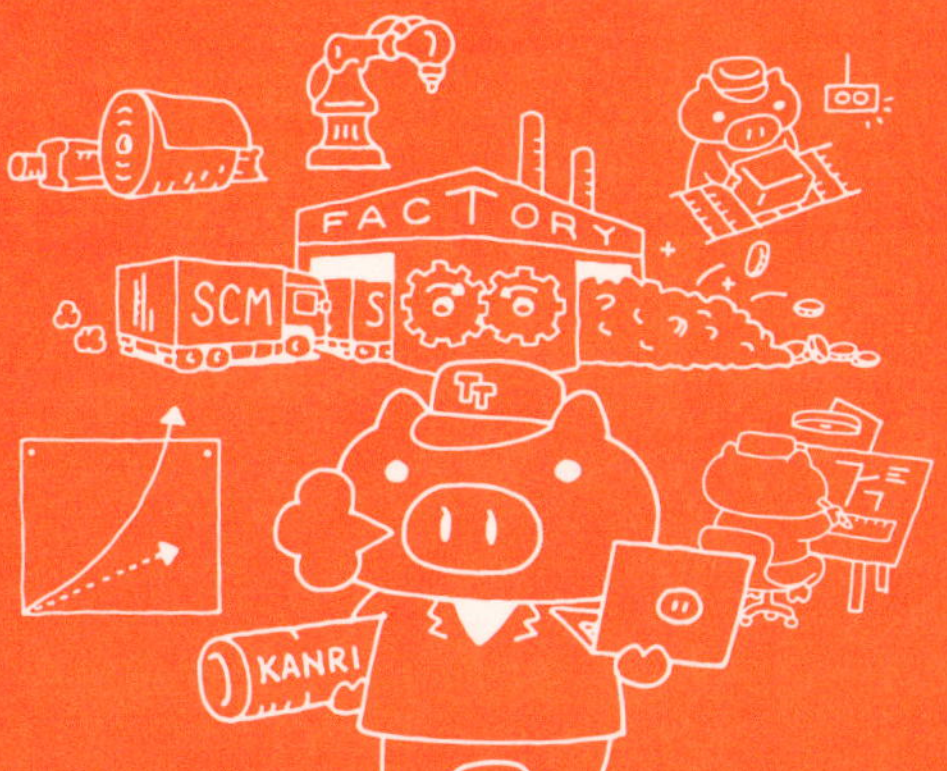

47 JITを理解しよう

JITとSCMのバランスをとる

ジャスト・イン・タイム（JIT）は、TPSとともに広く理解されている生産方式です（43項を参照）。ムダの徹底した排除とたゆまぬ改善活動で、利益を生む取り組みです。そのためにかんばんシステムを導入し、平準化とものの流れ化を計画します。

取引先からJITシステムによる納入を求められる機会が出てきていますが、JITシステムの都合の良い部分だけを取り入れ、自社で部品や製品在庫を持って対応することが多く見受けられます。JITシステムの中にSCMを取り入れて、国内外を問わずJITシステムの修正版として運用することが増えているようです。

JITシステムの詳細説明は他書に譲りますが、現在は電子かんばんを使うことが一般的になってきました。後工程が、引き取りかんばんを持って前工程に製品を引き取りに行きます。引き取りかんばんは、前工程と後工程間を製品と空台車に乗せられてぐるぐる回ります。一方、生産指示かんばんは、前工程内をぐるぐる回ります。情報の伝達（前工程内への生産指示）は、引き取りかんばんと生産指示かんばんの間で行われ、後工程が引き取っただけ生産指示が出される仕組みです。

最終工程が生産を行わないと、前工程は、後工程が必要としないものをつくらないというシステムです。仕組みは簡単で単純です。このシステムの中に、不良品や工程の異常、部品供給欠品が発生すると、すべての工程が順次停止します。各工程から製品が出される単位時間当たりの生産量も揃えていますから、顧客も含めてSCMすべてにわたって短時間に停止していきます。

実際には、部品や材料のリードタイムや海外工場など遠隔地からの入庫タイミングの遅れが存在するため、倉庫での中間在庫は必要です。ただし、こうしたムダ排除の考え方はぜひ理解しておきましょう。

要点BOX

- 引き取りかんばんと生産指示かんばんの働きを理解する
- ムダなものはつくらない

JITとは

JIT（ジャスト・イン・タイム）
（JIS Z 8141:2001 2201～2203
生産管理用語）

- すべての工程が、後工程の要求に合わせて
  必要なものを、必要なときに、必要な量だけ生産（供給）する
- 最終工程の生産量を平準化する（±20%以内）
- 後工程引き取り方式の採用（プルシステム）
  ＋
- かんばん方式の採用 ＝ プルシステムを実現するために
  かんばんと呼ぶ作業指示票を利用して、
  生産と運搬を指示する

〔生産指示 → 生産指示かんばん
運搬指示 → 引き取りかんばん〕

U字ラインのイメージ

ものとかんばんの関係

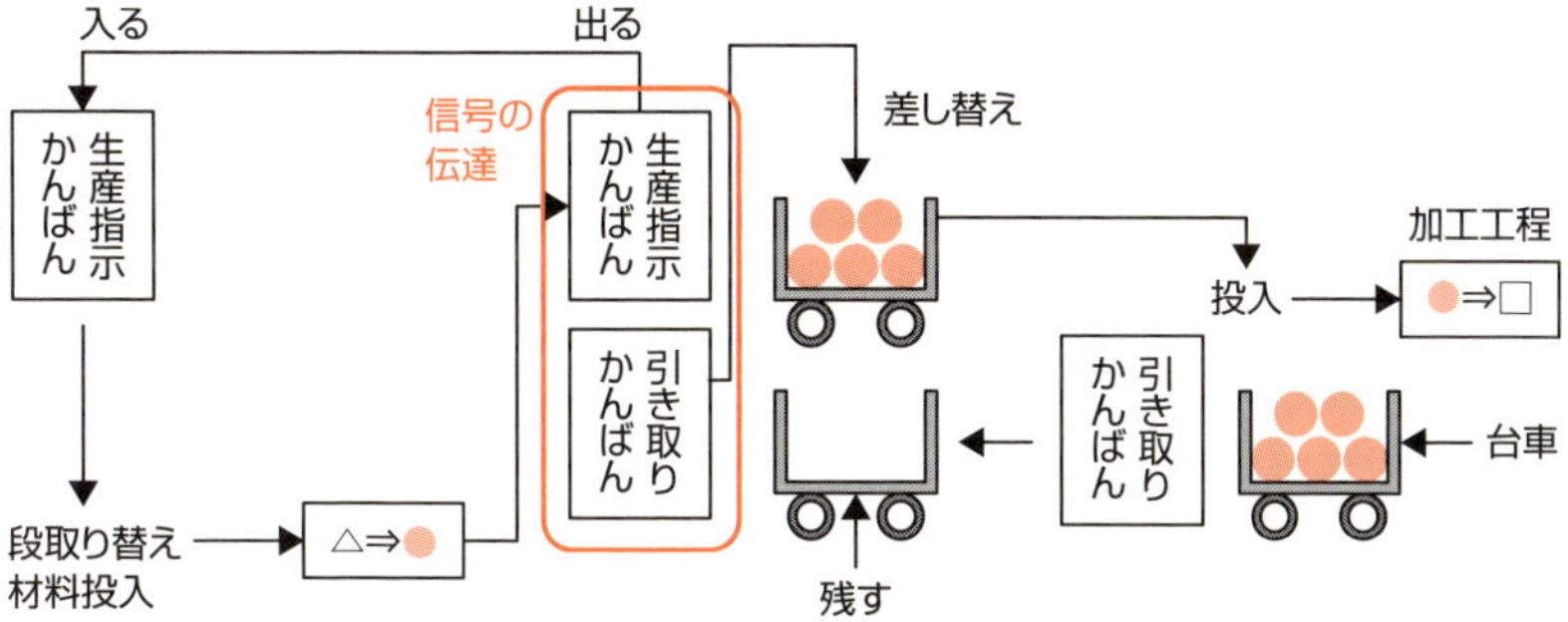

注）流れは単純化してある。実際は、かんばんは複数枚ためて移動する

48 工程管理の精度を上げよう

工程監査を行おう

工程管理が正しく運営できているかを確認するには工夫が必要です。生産計画に沿って生産量が増えたからといって、工程管理が正しく運営できているとは限りません。工程管理項目を決定すること、およびその決定方法は管理の始まりとして重要です（34・44項を参照）。工程管理の精度を上げる方法として、工程監査の仕組みづくりを進めます。

まず、生産準備段階で管理項目を決め、実行していきます。不足要件が発生した場合やトラブルシューティングの結果、管理項目の追加・変更も適宜行います（46項を参照）。これらをまとめ、監査シートで評価する体系を整えます。すなわち、人体で例えるなら健康診断のようなものです。過去のトラブルもいつか忘れたり、管理監督者が代われば引き継ぎも完全ではなかったりします。そのため工程管理項目の決定は重要事項ですが、改めて1つひとつ確認する作業は大切で、かつ過去の失敗を記録した内容を忘れないための必要作業と認識すべきです。副効果として、管理監督者のレベルアップや、工程に不具合が発生した場合の原因究明の足がかりになる点が挙げられます。実行面での問題は、チェックシート方式が持つ欠点と言われる活動の形骸化です。形式的にチェックをつけてしまい、実態を見ないことが発生します。これらを防ぐためには、以下の策を検討します。

①チェック者を複数持ち回りで行う

②工程間あるいは工場間の工程管理者ミーティングを開いて問題の共有化を図り、輪番で開催工程を変更してメンバー全員でチェックする

③予算管理など定期的なQCD検討会の場で、チェック結果や傾向を経営層に報告する

結果が良好な場合も、①真に工程管理能力が向上した、②チェック機能がマンネリ化した、のいずれかであることを念頭に置いて注視すべきです。

要点BOX

●チェックシートを上手に活用する
●チェックがマンネリにならない工夫をする
●管理監督者教育につなげよう

工程管理の精度向上のアプローチ

44項の「品質管理の重要性を知ろう」図表を参照

生産準備段階で管理項目を決定

↓

管理項目の実行

↓

定期的な実行状況をチェックする

（→ 生産準備段階で管理項目を決定 へ戻る）

工程管理チェックシートの例

会社名	㈱○○	総合評価点	82 %
工場名	本社工場		
製品名	対象工程	指摘件数	10 件
監査日	20○○年○月○日		
監査者		必須項目(★)の指摘件数	6 件
先方対応者	担当者名 ○○	判 定	条件付き

※★印があるチェック項目は必須項目を示し、必須項目で基準未達(2点以下)は是正必須(指摘事項)とする。

↑右記判定基準より選択

総合評価点＝各設問の評価点の合計／3×設問数※ ×100　※N/Aの設問は除外する。

[判定基準]

合格	条件付き	条件付き フォロー監査要	不合格 採用不可
総合評価点80%以上で、必須(★)のチェック項目が全て満点(必須項目で指摘なし)	1)総合評価点80%以上だが、必須項目で指摘あり 2)総合評価点60%以上80%未満	左記「条件付き」の基準に該当し、運用状況を現地現物確認必要な場合	総合評価点60%未満

工程名	No.	必須※	チェック項目	配点	評価基準(ガイド)	評価点	評価点の根拠
各工程共通	1	★	工程内の環境管理(温・湿度、照度等)基準が定められているか	3点	環境管理基準が定められ、管理されている	3	温湿度計あり、基準
				2点	しくみはないが、管理されている		エアコンの設定
				1点	管理不充分。		温度・湿度
				0点	基準がない		照度
	2	★	工程内の清掃基準が決められ実施されているか(場所・部位毎に方法・頻度・時間帯等)	3点	清掃方法、頻度、時間帯、合格基準が決められている	3	清
				2点	清掃方法、頻度、時間帯のみ決められている		
				1点	清掃頻度、時間帯のみ決められている		
				0点	汚れたら清掃するレベル		
各工程共通 〈続き〉	10		点検記録・検査記録は品質記録として残されているか	3点	品質記録、保管期間が明確で、すぐに検索できる		
				2点	品質記録はあるが保管期間が短い		
				1点	品質記録に不備が散見される		
				0点			

49 工程異常を早期に発見して対策

作業者と協働で異常の芽を摘む

工程異常の発見方法は、前項で監査チェックシートを使う方法を紹介しました。そのほか全般的な異常発見の項目について次ページに掲げましたので、工程管理レベルに合わせ、随時参考にして組み込みを検討してください。

工程管理において異常処置は大切です。異常が発生したときに、止める→呼ぶ→待つが鉄則です。

インラインの例で説明しますが、5工程の第3番目に異常が発生した場合に、その作業者は異常発生のあんどんで知らせた後、自部署から一歩下がったところに引いてあるラインまで下がります。その前後ライン作業者も、着手している作業が完了次第、ライン位置まで後退します。異常発生時は、処置の徹底は比較的容易に実行できますが、異常の早期発見は管理レベルから見ても難しい水準となります。

あらかじめ作業標準で定めた異常事項に対しては、異常を感知して対策を実行します。しかし、その他の異常や曖昧なグレーゾーンに当たる異常が発生した場合は、不良をつくり続けることになります。これは、正常・異常の区分けが曖昧なことだけが理由ではありません。安定状態にある工程ではなく、新規立ち上げや初期管理期間が経過したばかりの工程では特に注意が必要です。一例を以下に示します。

①作業管理では、作業者に作業標準に対する意見を出してもらう（耳のピアスが落下して、異品混入不良の発生事例がある）。国や人種が異なれば、宗教的な装具にも配慮が必要

②安全管理では、保護具の装着状態をビジュアルで示す。原価管理では、つくっている製品はいくらの価値があるということを教える

③現品管理では見やすいロケーションにする

④設備管理では指示計へ見やすくマーキング

自工程を常に正常に維持するためには、工程の作業者と協働で対処する姿勢が求められます。

要点BOX
- ●異常処置は徹底する
- ●曖昧な異常を発見する感覚を養う
- ●作業者と協働して維持管理に努める

異常発見と処置徹底

- 工程管理
  - 生産管理板…生産計画・達成一覧化
  - 人員配置板…パート・女子作業区分表示も可
  - 段取りチェック板…段取りチェックリスト化
  - 出来高目標実績表示灯
  - かんばん
- 作業管理
  - 一口標準・私のつくった作業標準掲示…異常・クレーム対策として
  - 標準作業組合せ板…配置人員による作業配分変更指示
  - VTR作業標準、スナップショット作業標準
  - 加工順序現品掲示
  - 管理項目・管理基準の掲示…掲示
- 安全管理
  - 保護具・禁止事項表示…マンガ化した標識
  - 消火器表示…置場・責任者表示
  - 立入禁止区域表示（安全標識）
  - 安全色彩
  - 緊急時の連絡先・連絡方法表示板
- 原価管理
  - 部品貼付板…自社部品・他社部品、現物掲示
  - 部品単価掲示板…単価推移表があればなおよい
  - 廃却品展示…廃却品の再利用
  - 抜きしろ展示…抜きしろ極小化、活用
  - 重要設備必要稼働時間掲示…日ごとの必要生産数、必要稼働時間掲示
- 現品管理
  - スタッフ掲示板…所番地表示
  - ストック掲示板…所番地・基準ストック量・品番表示
  - 色別ライン・ストア標示
  - 荷姿標示…パレット・台車
  - 部品欠品・材料切れ表示灯…アンドン色別表示
- 設備管理
  - 重要設備表示…重点表示、責任者表示、点検順序標示
  - 指示計への色彩標示
  - ボルト合いマーク
  - 配管・配線識別標示…エア・電気番号標示・流れ方向表示
  - 給油指示ラベル…色別給油個所・用具・指示ラベル
- 5S
  - 私の5S責任…掛け図に各個人で記入
  - 不要品置き場…回収箱・回収日・回収責任者…の決定
  - 工具置き場・刃物置き場…工具・刃物台
  - 整理・整頓・清掃ゲーム…星取り表、清掃ガーゼ掲示
  - 5S写真（スナップ）…改善前後の写真とコメントによる指示
- TPM
- 7つのムダ

生産管理板
だから言ったのに

50 対策は必ず水平展開と歯止めが必要

初動を迅速にして被害の拡大を防ぐ

工程で異常が発生し、次工程に流れてしまった、あるいは外部へ流出してしまった場合は、異常処置をまず実行します。そして被害想定（遡り管理＝異常発見前が正常だったか疑う）を的確に行い、対策・歯止めまでを行わなければなりません。

代表的なルールを次ページに紹介します。そのポイントは以下の通りです。

①工程管理監督者が必ず現認をすること。異常として上がってきた内容のすべてが、大事故の発生に結びつく可能性がない代わりに、最初に出てきた些細な異常が、実は大事故の前兆だったということはよくある。したがって、異常が報告されたら必ず現認し、安易に1個だから、あるいは1個目（初発）だからということを理由にした判断は避ける

②異常と判断した場合は、異常処置ルールに従ってQCD上位管理部署に報告する

③協議の結果、一般的な異常処置で済ませると判断した場合は、原因推定→対策処置→歯止め・水平展開に移行する。一方で、重大な不良の予兆と判断した場合は、後工程（顧客など）への外部関係機関に報告するかどうかも含めて、直ちに対応する。

重大不良が発生したかどうか、顧客まで報告するかどうかは、現認から1時間以内での対応が原則です。なぜなら、その間も自工程で発生させた不良品を使い、後工程では生産を行っているからです。止める判断は、迅速に行わないと被害が拡大します。異常報告の重要性は理解していたとしても、その後の処置が不適切で被害を拡大させたとしたら、非常に残念な結果となります。

顧客から指示が出され、協働で対応に当たるまで、それからさらに数日かかることが一般的です。したがって、初動は迅速に行うことが鉄則です。

要点BOX
- ●現認は管理監督者自らで行う
- ●最初の1個目の発生に敏感になろう
- ●被害拡大を迅速に食い止める

歯止めの仕組みづくり

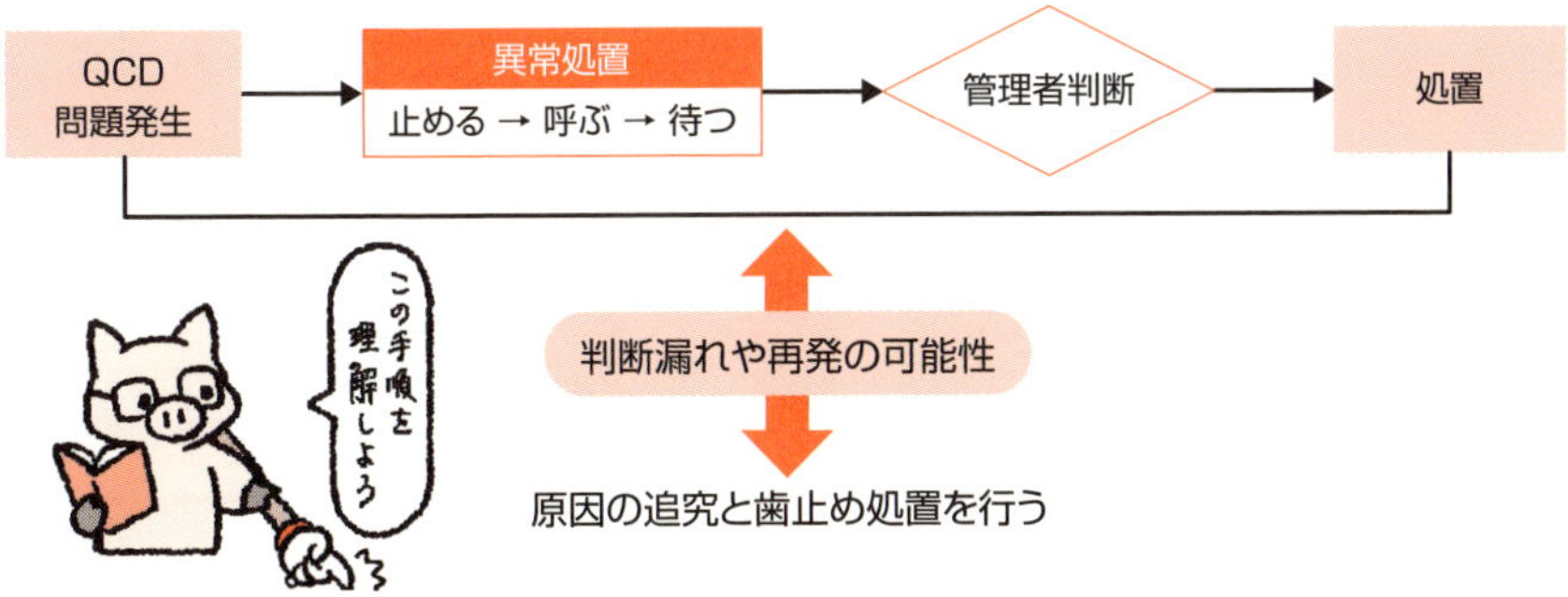
QCD
問題発生
異常処置
止める → 呼ぶ → 待つ
管理者判断
処置
判断漏れや再発の可能性
原因の追究と歯止め処置を行う
この手順を理解しよう

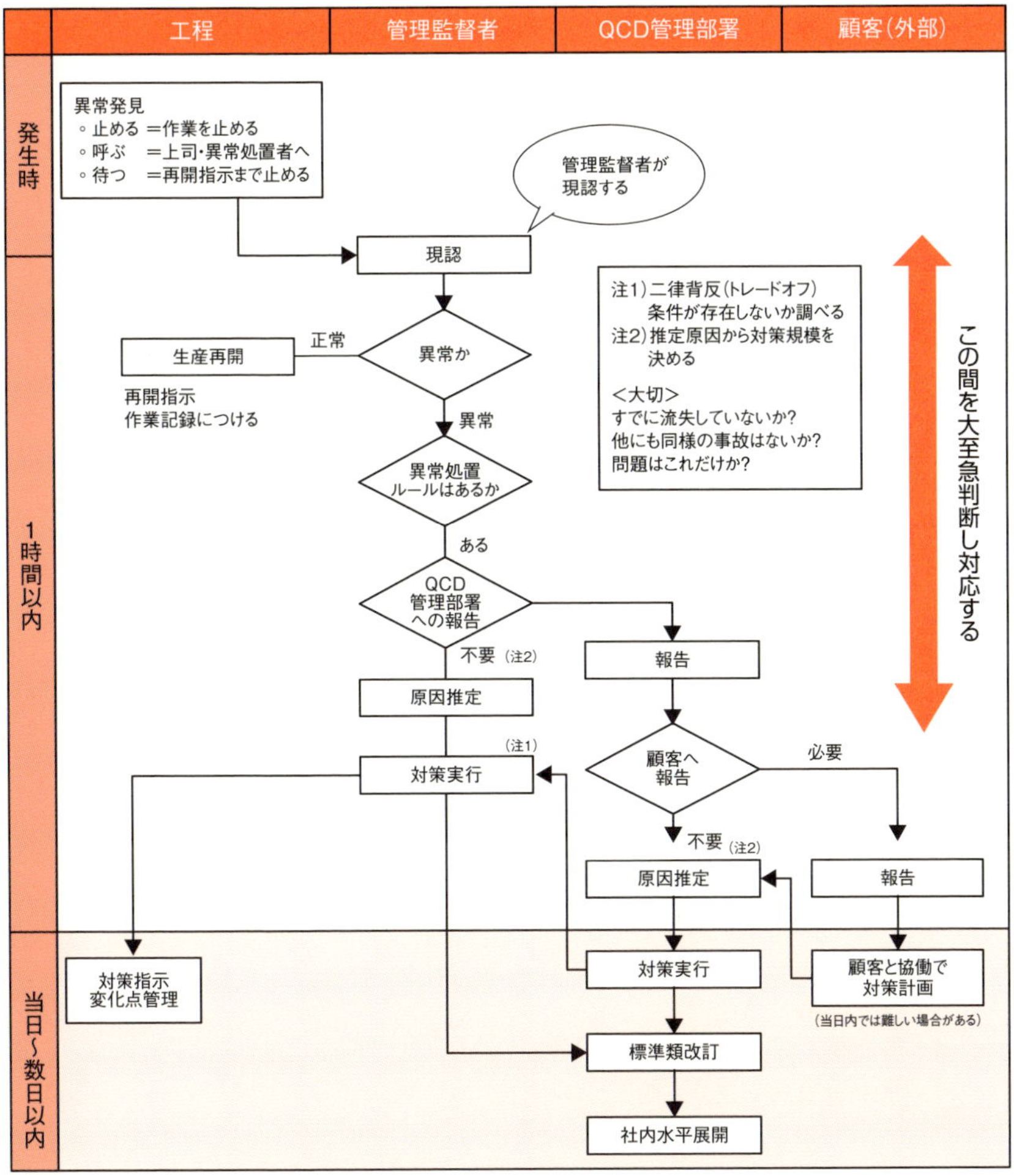
工程
管理監督者
QCD管理部署
顧客(外部)
発生時
1時間以内
当日～数日以内
異常発見
◦止める ＝作業を止める
◦呼ぶ ＝上司・異常処置者へ
◦待つ ＝再開指示まで止める
管理監督者が現認する
現認
異常か
正常
生産再開
再開指示
作業記録につける
異常
異常処置ルールはあるか
ある
QCD管理部署への報告
不要 (注2)
原因推定
(注1)
対策実行
対策指示
変化点管理
報告
顧客へ報告
必要
不要 (注2)
原因推定
報告
対策実行
顧客と協働で対策計画
(当日内では難しい場合がある)
標準類改訂
社内水平展開
注1)二律背反(トレードオフ)条件が存在しないか調べる
注2)推定原因から対策規模を決める
<大切>
すでに流失していないか?
他にも同様の事故はないか?
問題はこれだけか?
この間を大至急判断し対応する

51 工程管理の失敗とは何か

QCDの管理の失敗を捕まえる

工程管理において、工程管理の失敗とはどういう状況を指すのでしょうか。失敗の状態について理解していることは実は大切です。工程管理とは、QCDの適切な全体最適管理を通じて、付加価値の増大を図ることです。すなわち工程管理の失敗とは、QCDの管理が崩壊していることを意味します。

①Q：品質

規格外の慢性不良や突発不良の多発は、工程能力不足や4Mの管理・変化点管理が不十分であることの現れです。後工程（次工程）からクレームが多いのは、自工程完結活動ができていないか、工程内品質保証体制の不備があることを示しています。

自工程での手直しや廃棄仕損品が多いときは、工程内にルールがないか守られていない、もしくは作業者教育が不十分な場合が大半です。このほか、検査員が多いまたは検査員の工数が多いときは、工程内品質保証や自工程完結活動が徹底されず、工程管理項目の設定が不十分であることが理由です。

②C：コスト

作業員数を適正化できないのは、マルチオペレーターの養成が不十分で、作業標準の不備や工程管理項目の設定が不十分、余力管理精度が悪いなどに要因があります。また残業・休日出勤が多いのは、工数計画精度が不十分であることを示しています。

③D：納期

納期遅延の頻発は、進捗管理精度の悪さが理由です。仕掛品の滞留が多いのは、進捗管理・現品管理の精度が悪さが要因です。次工程から納期督促が多いことも、進捗管理の精度の悪さに起因しています。

これは複合要因もありますが、こうした現象が起きていることに作業者は気づいていて、管理監督者は見えていないものです。見える化を図り、工程の問題は工程に聞く、工程で解決するのが基本です。

要点BOX
- ●問題点の見える化を図ろう
- ●工程の問題は工程に聞き、工程で解決するのが基本

工程管理の問題の見える化

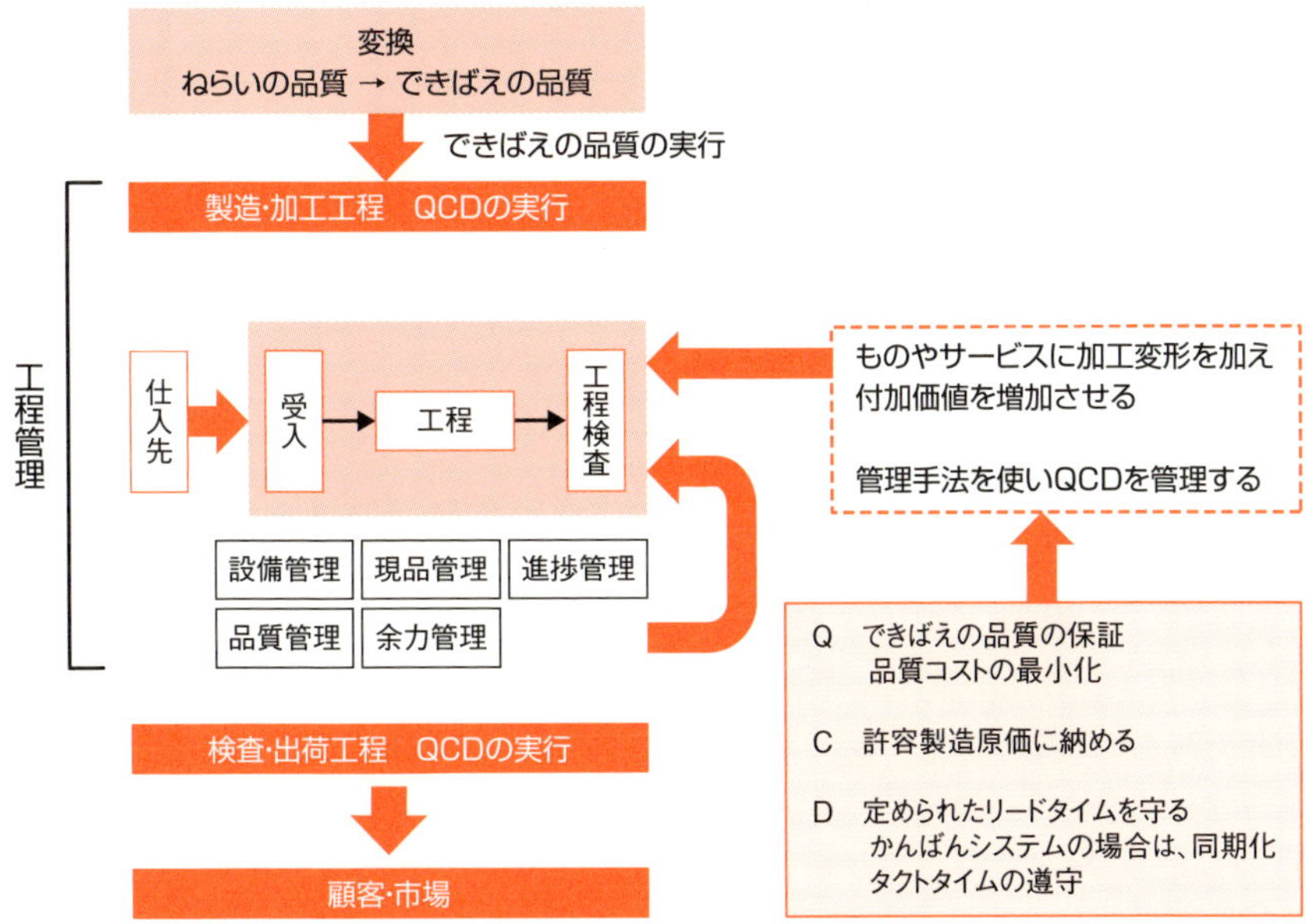

QCD対策シートの例

	問題点	対策事項
Q	①規格外の不良が多発する(慢性、突発) ②後工程クレームが多い ③手直しや廃棄品など仕損品が多い ④検査員が多い、または工数が多い ⑤投入品(外注品含む)の不良が多い	自工程の良品条件を確認する。工程能力を測定する 作業方法や設備の見直しを行う 不良原因を現象別→原因別に分析し対策する 標準数を整備し、作業者教育と作業が守られているかをチェックする。工程内保証に切り替える 変化点管理を行い、検査項目を減らす 前工程不良は、必ず連絡し対策を立てさせる
C	①作業員数が多く減らせられない ②残業、休日出勤が多い	作業方法の見直しを図る。IEを活用する ラインバランスや作業効率をチェックする 設備総合稼働率を確認し、不具合点を見つける チョコ停、ドカ停をまず見つけて対策する 応援体制と日頃の交差訓練の実施
D	①納期遅延が頻発する ②仕掛品の滞留が多い ③後工程に催促されてからものを探す	各工程の納期が決められ、守られているか 守られていないなら、原因を調査する 現品と進捗管理の仕組みと責任者を明確にする 仕掛品、完成品置き場を明確にする 5S、TPM活動を行う

52 JITが適用できない工場の工程管理

プッシュ生産方式でも高効率に行うには

47項で解説したJITを展開する場合、一般的な製造業やサービス業が完全なプル生産方式を採用することは、SCMにおけるメーカー、工程、工場の力関係や立ち位置を考慮すると難しいことが多いようです。しかし、極力、JITによる徹底的なムダの排除は取り入れるべきです。

工程管理において、徹底的なムダの排除を目指しつつ高効率を達成するためには、「生産管理板」の使い方を工夫することになります（60項を参照）。

例えばプル式の生産工程において、かんばんは使わずに差し立て管理をきめ細かく行って時間管理し、生産管理板でフォローするという方法があります。この方法でも、かなり精度高く工程管理をすることが可能です。

JIT方式を採用できない工程や工場の場合、自社では解消不可能なボトルネック工程が存在するか、JIT方式の顧客とロット発注方式の顧客が混在するような状況を抱えています。すなわち、ロット発注方式の顧客の工程が通過するまで、JIT方式が機能しなくなることが理由です。

このとき無理に一部をJIT方式で運営しても、結果的にはメリットが得られません。そのため、JIT方式の受注もプッシュ生産方式に変換して工程管理をすることになります。

最終の出荷段階で、JIT方式の顧客から引き取りかんばんが発行されていれば、その優先順位に従って出荷する方式となります。そのため、製品在庫は存在することになります。

ただし、ロット発注方式とJIT方式を変則運用する顧客からは注文が平準化されてこないため、生産管理部門は生産計画と工数計画により注力する必要があります。また、フレキシブル生産体制やダイナミック生産体制を構築する必然性は高まります。あわせて検討しましょう。

要点BOX
- ●生産管理板を工夫する
- ●生産計画・工数計画の精度向上が必要
- ●平準化をできるだけ心がける

プッシュ方式の生産方式

JIT（ジャスト・イン・タイム）
（JIS Z 8141 :2001 2201～2203
生産管理用語）

47項の図を参照

＋

7つのムダの排除

①つくりすぎのムダ、②手待ちのムダ、③運搬のムダ、
④加工そのもののムダ、⑤在庫のムダ、⑥動作のムダ、
⑦不良をつくるムダ

工程のムダをなくすことは同じ

生産かんばんや引き取りかんばんは使わない → 作業管理板を用いて、計画的な配合や段取りを行う

『差し立て』≒生産命令分を作業者に指示するために準備し、作業配分し命令遂行可能なように指導すること

生産管理板の例

活用の手順	前日終業2時間前項（15:00～17:00）	当日始業時以降、定時ごと、ロットごとに確認し対策する
ポイント	①1日の計画進行状況のチェック ②1日の計画完遂のための手を打つ ③明日〈明後日〉の予定の立案・前後工程生産管理との調整 ・図面の用意・作業標準・検査規格 ・金型治工具の確認・試験計測器 ・限度見本・出欠勤確認・設備確認 ・日報類記入・・・・・	①出勤のチェック・人の配置 ②朝礼での昨日の反省・今日の注意事項の指示 ③始業時・段取り後の初物品質チェック ④時間ごと・ロットごとの数量・品質の確認と記録 ⑤異常発生・不良発生時の処置と記録 ⑥必要に応じ作業者指導・作業の進行促進

生産管理板　日当たり数　　個

記入者
ライン名

過去の最高記録										
月　日	個	加工品番	加工品番		実績		ライン停止		ライン人員	職制のサイン
		個／段取り	毎時	累計	毎時	累計	時間	要因		
時間										
8:30～9:30										
9:30～10:30										
10:30～11:30										
11:30～13:15										
13:15～14:15										
14:15～15:15										

53 リードタイムが長い部品調達のコツ

受注情報精度の向上が必要

工程には前後の工程があり、すべて自工場や自社内にあるとは限りません。むしろ、自工場一貫生産が少ないと思われます。したがってQCDを適切に管理する際には、必ずSCMが絡むことになります。さらに、SCMの中には自社・自工程のリードタイムにまったく合わない外注工場もあります。

例えば購入材料で、自社向けの特別仕様注文品（特注品）であった場合は、自社が発注をかけてから材料の手配を行い、生産調整を行って生産し納入されるため、標準品に比べて相当の期間がかかることになります。しかも、自社も在庫を持つことはムダなため、生産計画を無視した発注はできないことになります。

その対策としては、

①発注時期を早める→受注情報精度を上げて、リードタイムがSCM上ボトルネックにならないように見込み発注をかける

②適正在庫の設定を見直す→定期発注方式に切り替える。ただし、発注時期の見直しと同様に受注情報精度の向上が必要

③発注先の変更→可能であれば最も効果が高いが、特注の場合や自社の海外工場など効果が見込めないことも多い

の3つの対応策があります。これらを適宜組み合わせる方式が現実的です。ただ近年、IoTを使った受発注と進捗管理技術の向上により、SCM構築の際に組み合わせることで効果が期待できます。

そのためには取引先との連携強化が必要で、BCP上トレードオフとなることもあります。設計開発段階でリードタイムの長い部品や材料の使用を避けること、特注品は極力避けることは、BCPの観点からも好ましいです。製品設計開発から工程設計段階における試作時期に、生産管理部門、工程管理部門、購買調達部門は配慮するよう心がけます。

要点BOX

- 特注品は極力避ける
- IoTを使った受発注と進捗管理技術を組み合わせる

海外工場などリードタイムが長い部品調達のコツ

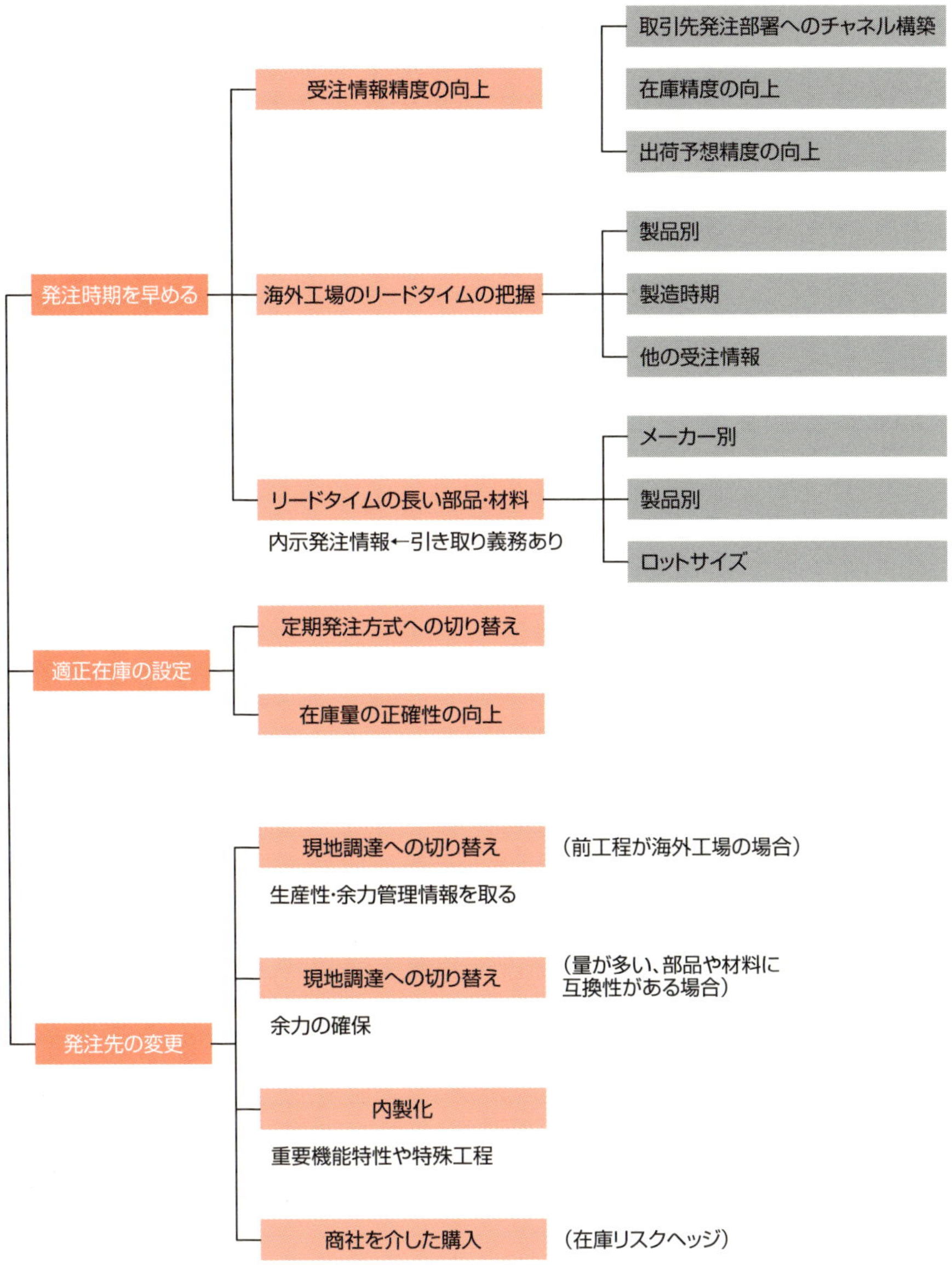

54 現地工場の運営の失敗回避策

SCMの構築と維持管理のノウハウをつくろう

近年、グローバル化が進み、QCDを的確に管理する範囲に海外調達、特に自社や外注企業の海外工場が含まれることが増えてきています。海外工場の特徴を踏まえてSCMを構築すべきで、国や民族、商習慣、税制も異なる条件下でのSCM構築・運営は至難の業です。さらに、現地の経営が独資か合資（ジョイントベンチャー）か、経営層が日本人スタッフか現地の経営者かで、日本の商習慣への理解も異なります。

現地工場の特徴をまとめると、特にスタッフの質が問題になることが多く見られます。また、現地工場が日本向けのビジネス主体か、現地市場が主体かでも異なってきます。最近は、日本からのスタッフは労務費低減の面から極力減らし、現地スタッフで構成することが増えています。現地での材料・部品調達、現地顧客への納入に現地スタッフは貴重な戦力です。十分に教育して日本人スタッフと入れ替える方策が求められます。

しかし、現地スタッフの質は思うように向上しないことが多く、言葉の壁もあって定着率も高くありません。留意点を列挙すると、

①日本人スタッフの質→経営層と技術者、工程管理者の能力が求められる
②現地スタッフとのコミュニケーション→言語商習慣の違いから意思疎通が難しいことに配慮する
③現地作業者の教育訓練→日本人および現地スタッフに加えて、国内から支援が不可欠
④工程設備・治工具類の現地調達が困難→設備メンテナンスで国内からの支援が必須
⑤4M管理状態や変化点管理などの工程管理状態が把握しにくい→国内自工程のように目で見る管理の徹底など工程保証が難しいことに配慮

といったことが挙げられます。工程管理者は、現地管理のチェック項目を地道に実施したいところです。

要点BOX
- ●現地工場の特徴を把握する
- ●海外工場の管理項目の設定と確認作業は工程管理でも行おう

主な現地工場の特徴

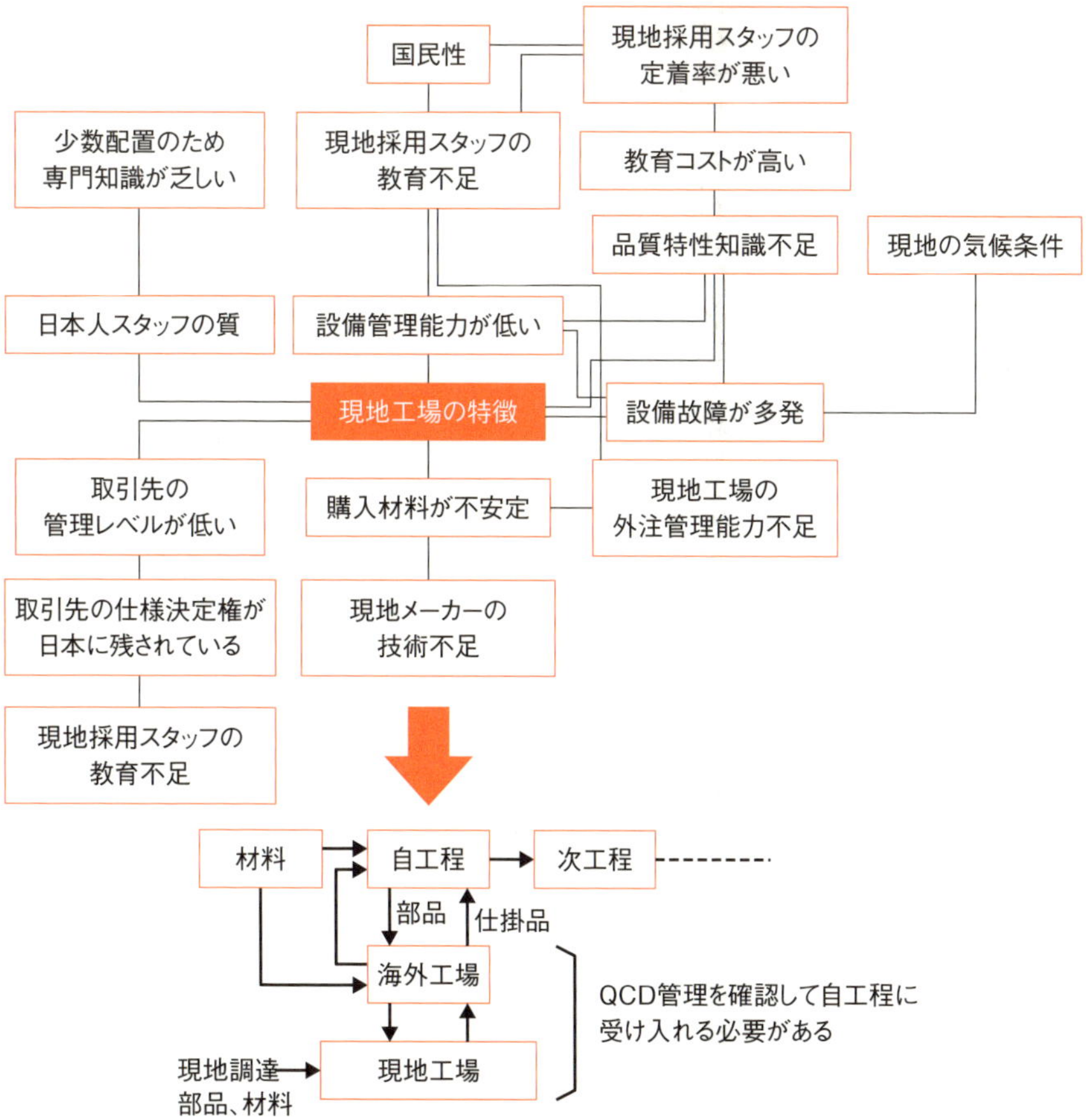

重要確認事項

内容	自工程において	
	重要項目	確認が望ましい(注1)
日常管理項目および点検記録		○
作業標準と作業者教育および練度確認		○
出荷検査記録	○	
異常処置記録と対策結果	○	
工程内不良項目と発生件数と対策状況		○
現地工場への監査項目と監査記録		○
変化点管理ルールと変化点発生状況	○	

注1)工程管理から外しても、生産管理や生産技術、品質管理専任部署では行うべきである

55 SCMにおける外注工場との関係構築

SCM上重要な管理ポイント

SCMにおいて、外注管理（海外工場も含め）は注意が必要です。外注工場の類型として、

①自社の委託業務がほぼ100％を占める

②自社の委託業務が30％以下である

③上記①と②の中間の占有率

となり、さらに以下に分類できます。

1)加工委託のみ

2)材料調達から委託加工

このほか、生産設備の状況は以下に分けられる。

a　工程設計や設備は自前で設定できる

b　すべて自社からの指示と貸与設備である

それぞれの特徴について、①は自社からの管理は容易ですが、固定費的な扱い（量的な確保）が必要となります。一方、②は生産計画を示しておかないと工数管理と進捗管理が困難になりますが、固定費的な扱いは不要となります。③はその中間で、①と②の特徴をあわせ持ちます。

また、1)は①～③で管理できますが、2)は②に近い管理が必要です。aとbは、全社は②～③の外注工場の形態に近くなります。

これらの特徴をそれぞれ理解して管理に当たります。例えば、①の外注工場には余力がありませんから、量的平準化が必要です。③の工場は、自社以外の顧客からの負荷で、自社の負荷を減らさなければならないことが発生します。

いずれの外注工場も、QCDに関して常に情報を取得し、遠方であっても定期監査や抜き打ち監査を実施すべきです。自社の指示通りの作業指示で製造しているか、正規の材料を調達しているかについては現地で確認すべきです。

さらに、40項で紹介したBCPのリスクも確認しておきましょう。火災や与信管理（倒産などの危険性）の観点で確認が必要です。外注工場をブラックボックス化しないようにすべきです。

要点BOX

- ●QCDに関して常に情報をとる
- ●現地での確認を怠らない
- ●外注工場の類型を理解する

SCM上のネック事例①

外注工場の
一部工程が
他の顧客と
共用している場合

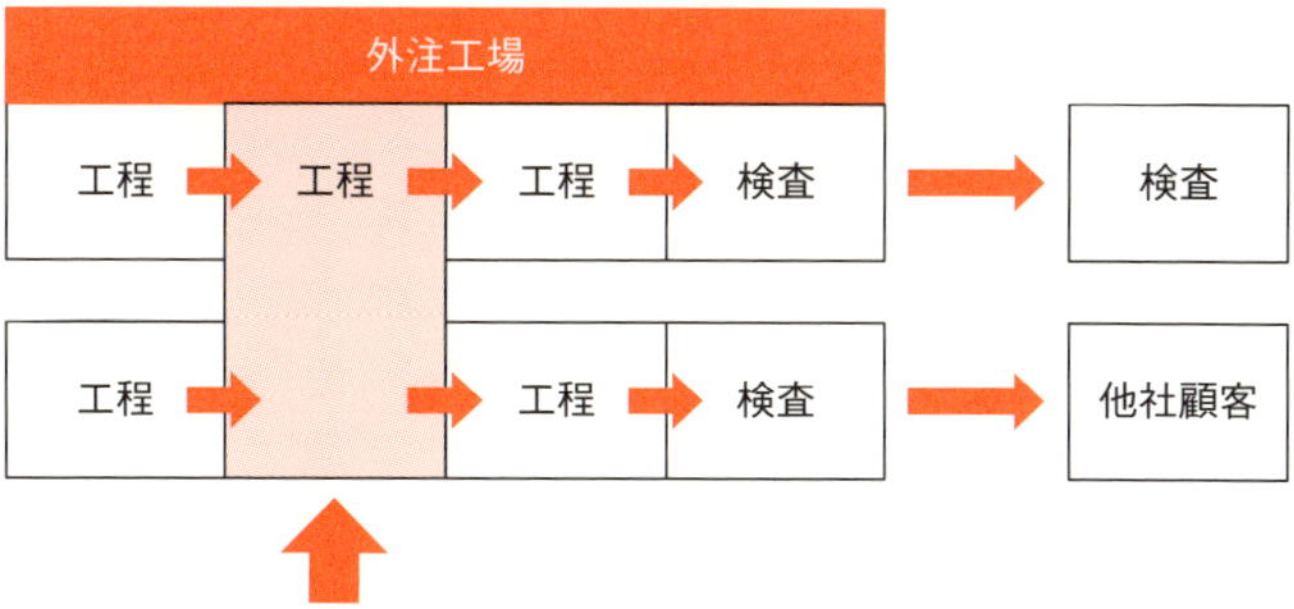

共用工程の管理を自工程が行わなくてはならない

SCM上のネック事例②

外注工場から
さらに外注工程に
出す場合

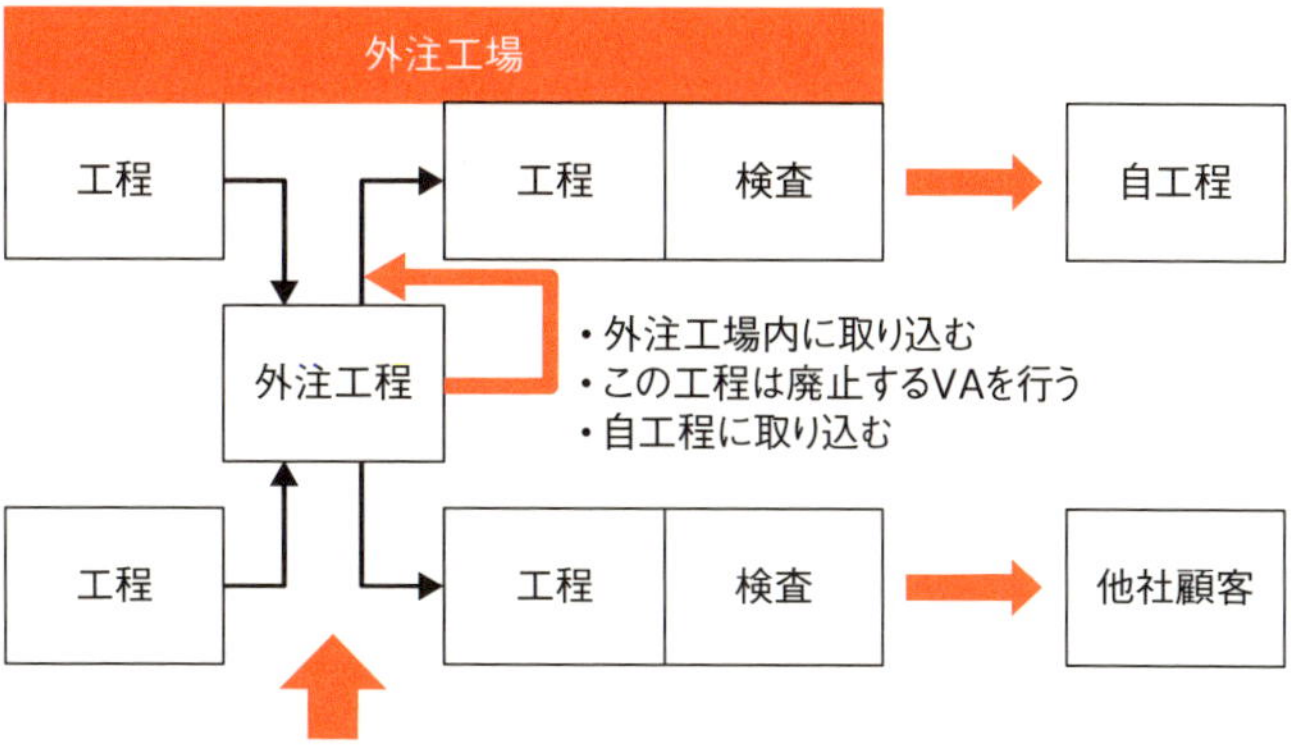

共用工程の管理不可能

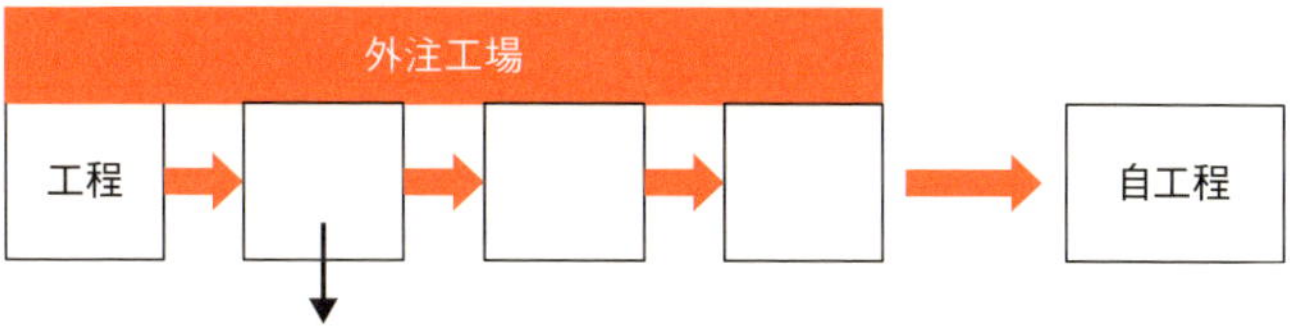

・不良多発
・生産効率悪化

・工程の見直しを行う、またはVAで廃止を検討する
・自動化を図る

56 品質と安全活動で工程管理の質を向上

人に優しい工程は品質にも優しい

工程管理においてQCDはPQCDSMとし、P（Productivity）＝生産性と、S（Safety）＝安全、M（Morale）＝やる気の3項目を加え、PとSとMの結果はQCDに包括され、PSMはその達成に向けたプロセス管理の位置づけにあることを、2項で説明しました。

顧客は商品を選ぶ際、自身にもたらされるQCDにしか興味がありません。しかし近年、安全への配慮が不足する企業の不祥事が発覚し、企業ブランドの崩壊や市場からの退場を余儀なくされるケースが出ています。優秀な人材確保の観点からも、安全を含めた社会的な信用度は絶対です。

QCDの中のQは、工程にQC工程表で計画されます。QC工程表は製品群別に作成する場合もありますが、工程設計の基準となります。工程順に沿って、各工程に必要な作業手順や品質項目、規格値、それらを達成するためのツールや検査方法が漏れなく記入されます。その中に、安全や環境に関する内容を織り込むことが一般的になっています。

QC工程表から作成展開される作業標準はビジュアル化され、具体的に作業内容を決めたものです。教育訓練のテキストにも使用されるため、詳細に記載してありますが、その中で作業を守らなかった場合や、作業が基準通りにできなかった場合の、品質への影響を記載します。同時にそれらが、作業者の安全にどのような影響を与えるかも記載します。

プレス作業で材料を金型内に投入する際、ツールを使って挿入する作業手順が決められていた場合、ツールを使わないと正しく挿入できないこと、および手をはさまれる危険を記載した例を紹介します。

作業標準は、工程における正しい作業方法を指示するため、その通りに作業すればQもSも達成されることになります。ルールがない、守られていない工程は人も品質も〝ケガをする〟事態になります。

要点BOX
- PQCDSMにおけるS（Safety）の意義を詳しく理解しよう
- 企業ブランドとして安全に対する配慮が必要

QC工程表と安全管理

品番		品名	材料	区分	仕入先名			承認	点検	作成	作成年月日		整理No.		ページ
		○○製品			株式会社○○								○○		
作業No.	作業名	機械・設備・治工具・検査器	品質確認							製造条件の確認					
			保証すべき品質特性	規格値	頻度	サンプル数	方法測定具	管理資料	異常処置	製造条件注意事項	頻度	計器類	確認者	確認記録	関連標準
I															
4	絞め工程	機械・自動絞め機・手動絞め機	客先図面No.○○ 絞め高さ 絞め引張り強度 金型管理No.○○	20±0.1mm50N以上	2個/ロット ↑	n=2 ↑	マイクロメーター プッシュプルゲージ	現品票 作業日報 金型管理票 安全チェックシート	廃棄	エアーシリンダ圧○○～○○ 動作中は手を入れない	作業前		班長	ロット管理票	対策表示類
5	○○部品切断	機械・自動切断機	種類・色・径・寸法	C2100○製No.△ 10.0×8.6 ×300±5mm	2個/ロット	n=2	目視スケール	現品票 作業日報	廃棄						
I															
15	検査	検査機No.○○ 副資材・○○製No.△△						↑	再検査	電圧100V±10	作業前 作業毎		班長 作業者	日常点検法	OA-P ○○
I															
17	出荷検査		絞め箇所 製品配置状態 外観	間違いなきこと 半挿入なきこと 傷・汚れなきこと	2個/ロット 全数 全数		検査器 目視・手感 目視	検査指示書 ↑ ↑	手直し 再検査 ↑	作業台洗浄 手袋使用	作業前 作業毎		班長 作業者	日常点検法	OA-P ○○
15	出荷	副資材・梱包ビニールシート	品番表示 数量	間違いなきこと 間違いなきこと	梱包毎 ↑		目視 ↑	標準書		Si付着防止対応	梱包毎		作業者		OA-P ○○

改訂欄	符号	年月日	改定事項	承認	点検	改訂	測定者欄符合	作業者	班長	係長	客先承認印
	4										
	3							△	■	○	
	2										
	1							▲	■	●	

↓

作業標準　35項の「作業標準をどのように使うか理解しよう」を参照

↓

教育訓練 ＋ 教育効果の確認

ルールを決める→ルールを守る→異常が発生すれば“止める・呼ぶ・待つ”

正しい作業手順で行われる工程は安全で品質が安定する

57 FMEAで工程管理がスムーズになる

工程管理に失敗する潜在的なリスクを抑える

工程計画→工程設計を実行し、量産開始以降QCDに関する問題が発生することがありますが、その原因は大きく2つあります。

①製品開発設計段階で、工程能力や工程管理に配慮が不足している場合

②工程管理に失敗している場合（51項を参照）

①の問題が大きい場合が多く見られ、工程は設計時に解決しておかなければならない問題を、工程管理で押さえ込むことが求められます。32項で解説していますが、そのための対策は重要です。

一方、上記②の工程管理の失敗を防ぐことが、本来の工程管理の役割です。そのツールに、設計管理と工程管理共通で使える「故障モードとその影響の解析（FMEA）」があります。これは、製品または工程で発生する交渉や失敗をあらかじめ予測し、発生を予防・減少させる解析手法です。設計開発段階ではDFMEA、工程設計段階ではPFMEA（工程FMEA）と呼び、工程に関しては後者です。

概略は、図の縦軸に工程を書き出します。これはQC工程表から転記できます。潜在的故障モードとその影響を出します。故障の影響度を10点法でつけます。発生頻度とそれらの検出可能性を各10点法でつけ、かけ算します。1000点満点で100点未満に抑える方法です。ただし品質の観点からは、影響度の点数が高いと合計が100点未満でも対策を行います。これは品質コストからの考え方です。

次に、ハザードとリスクの考え方のイメージを紹介します。ライオンはハザード（潜在的な故障）ですが、ロープにつなぐとリスクは減ります。しかし、ロープが切れたり、近寄りすぎたりして飛びかかられたら、大事故に遭うリスクは同じです。ライオンを猫にするか、どこかに移動させると影響度はなくなります。工程管理もこれと同じ考え方で、PFMEAを自工程でつけてみるとよく理解できます。

要点BOX

- ●潜在的故障モードの影響度を下げよう
- ●予防処置として活用する
- ●問題発生時にも使える

工程FMEAの例

FMEA番号:			Rev.	日付	内容	承認	担当
部品品番 ××××××××	部品名 ××××						
連絡先/電話番号 品質保証××××/××××	コア・チーム 製造××××/新製品準備室××××/品質管理××××						

工程機能/要求事項	潜在的故障モード	潜在的故障影響	厳しさ	潜在的故障原因/メカニズム	発生頻度	現行の工程管理(予防)	現行の工程管理(検出)	検出可能性	リスク優先数	推奨処置	責任者完了目標期日	処置結果 取られた処置	処置結果 厳しさ	処置結果 発生頻度	処置結果 検出可能性	処置結果 リスク優先数
3. 生産段取り	異物の付着 ・樹脂カス ・キャリアカス	外観不良 導通不良	7	樹脂カス飛散 キャリアカス飛散	2	作業マニュアルに基づく作業 清掃	オペレータ目視検査(全数)	8	112	有	実施中	5.コード検査での検出				
	樹脂伸び	組付不良・ 圧着不良・ 挿入不良・ 導通不良	6	設備の調整不良 生産時の電線絡まり 設備への引っ掛り	2	作業マニュアルに基づく作業 束解き装置でのテンション軽減と絡まり防止	オペレータ寸法検査(初終物) 管理者確認(初終物)	7	84	無						

影響度×発生頻度×検出度≧100以上は必ず対策しよう

影響度	顧客への影響		工程への影響			ランク
安全性に影響・法規制	安全性に影響する法規制違反	警告なし	安全性に影響する法規制違反	作業者が負傷する危険	警告なし	10
		警告あり			警告あり	9
製品の主機能に影響する	主機能が動作不能になる		重大な影響を及ぼす	製品の全数破棄。ライン停止・出荷停止処置が発生する		8
	主機能の劣化が促進される		大きな影響を及ぼす	製品の一部の破棄。工程の変更		7
製品の機能に影響する	機能が動作不能となり快適が悪化			全数を		

発生度	故障の発生程度	工程性能指数 Ppk	ランク
非常に高い	≧ 100/1000個	≦ 0.55	10
高い（故障が頻繁に発生する）	≒ 50/1000個	≒ 0.65	9

検出度	検出の程度			ランク
故障は検出できない	現在のプロセス管理では検出不可能である			10
	故障モードまたはその原因が製造工程で容易に検出されない			9
故障は作業者の感覚的な手段によって検出できる	目視検査などの作業者の感覚的な手段によって、故障モードが検出される	ゲージは使用されない	製造プロセスの後検出される	8
		ゲージは使用される	製造プロセスの段階で検出される	
故障はゲージの使用によって検出できる	作業者による計量ゲージまたは計数ゲージの使用によって	自動制御装置は使用されていない		

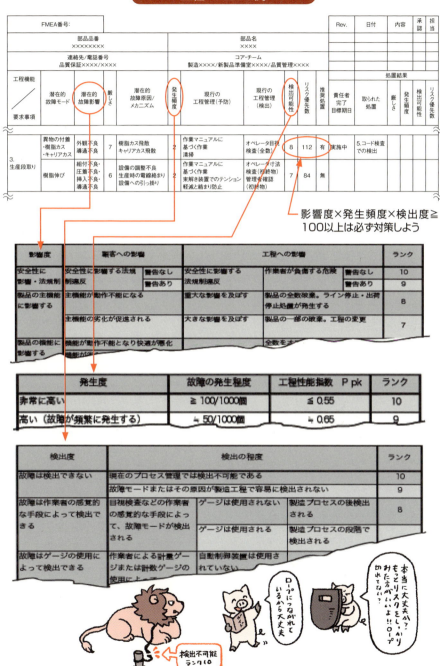

Column

派遣社員や研修生はホントに安価な労働力か？

一時期、中国人研修生が日本の製造業を大いに助けてくれました。上海近郊の女子工員の月給が7000円程度だった、1995年から2000年頃のことです。彼女たちは故郷に家族を残し、3年間必死に働いて帰国するまで目的意識を高く持っています。一方で、仕事を奪い合うトラブルも発生しました。

当時、工程管理を預かっていたため、各工程管理職と苦労しました。工場内の女子寮に住まわせて、交代番に従事していましたが、逃げ出す人もいました。休日には市内に買い物に出かけますが、市中でのトラブル防止のため買い物に管理職が休日返上で付き添いしました。職務熱心な管理職は、下着売り場まで着いていってかえってトラブルを起こすなど現在では笑い話ですが、当時は必死に対応したものです。

1年目の研修期間中は残業も規制され、その後2年間は労働基準法下で働くことになります。しかし、彼女たちにとって、もっと働かないと3年間で渡航費用も含めて費用対効果が十分出せません。日本人より優先して仕事を回さないと不満が出ます。

最低賃金が上昇している現在、これに特別管理コストが上乗せされますが、派遣社員の定着率に悩む企業にとって、少なくとも3年間は残業もいとわない若い労働者は大変ありがたい存在です。しかし、残業を連日2時間以上与えると、ほぼ固定人員化してしまい、ピーク負荷対応時は日本人従業員が深夜まで担当するケースも発生しています。

当時の会社では、数年間運用した実績で、労務費総額が正規労働者の労務費と逆転することが確認され、研修生の受け入れを中止しました。管理職や工程内の指導者層の負担が大きく、肝心の工程管理も弱体化してしまいました。非正規労働者を多く抱える工程管理について学んだケースでした。

第8章

工程管理の阻害要因対策

58 ボトルネックを見つけて解消しよう

IEでムダ取り

工程管理を円滑に運営するために、リードタイムの短縮は有効な方策です（42項を参照）。その手法の主なポイントは、

①商品開発段階から生産の段取りを並行して検討するコンカレント・エンジニアリング（CE）

②量産開始後の繰り返し受注段階におけるリードタイムの短縮は、材料・部品を手配するリードタイムの短縮

にあります。作業をシリーズで行うのではなく、パラレル（並行作業）に切り替えるものです。

工程管理の主体は量産開始後の繰り返し生産時に、一連の作業工程に進捗管理の阻害要因となるボトルネック対策が必要です。28項で概要を紹介したIEは、リードタイムのボトルネックを探して対策する際に有効な手段です。IE（作業研究）は①方法研究と②作業測定に別れ、それらが①工程分析、②動作研究、③稼働分析、④時間研究に分かれます。

工程分析～時間研究以下の詳細な分類について、次ページに説明しました。その中で、工程のボトルネックを探す方法として、「多品種工程分析」と「製品工程分析」を紹介します。

これらは工程を通過するときに、多品種の仕掛品を効率良く流す工夫が検討できます。さらに、どの工程に負荷が集中しそうかも判断できます。工程では、加工度を上げることで付加価値を織り込んでいきますが、このように整理してみると、いかに付加価値を生まない工程に工数をかけているかが一目瞭然です。

超繁忙工程を分析してみると、作業者が部品投入作業に追われ、加工時間は決して繁忙状態になかったという例を見ます。したがって、工程管理には徹底的なムダの排除が必要です。これらを活用して、生産リードタイム短縮のためにどこがボトルネックになりそうか、あるいはなっているかを確認します。

要点BOX
- ●工程を分析しよう
- ●加工のみが付加価値を高める作業
- ●徹底的にムダを排除する

IEの構成要素

単純工程分析 …………… 投入、作業、検査のみ、製品別レイアウトの基礎資料にも使う

詳細工程分析
- 製品工程分析………生産対象の『もの』を中心に
- 作業者工程分析…… 生産対象の『人』を中心に
  作業台レイアウト、作業手順や作業動作などの改善に使うことが多い

配置、流れ分析
- 流れ線図 ……………………… フローダイヤグラム。設備建屋配置図に工程記号を記入したもの。時間はわからない。工程分析図表と併用するとよい。ものの流れと逆行した流れ、無用な移動などが視覚的に把握できる←流れ分析という
- 多品種工程分析 ………… 加工経路分析。加工経路の類似した製品、部品をグループ化するために『工程経路図』を作成して分析すること
- フロム・ツーチャート ……… 『流入流出図表』。多種少量生産の職場における、設備や作業場所の配置計画をするときに用いられる

運搬分析
- 運搬工程分析 ………… ◯ 移動 ◯ 取扱 } 動く ○ 加工 ▽ 停滞 } 動かない
- 運搬活性分析 ………… 『活性示数』4つの手間
- 空運搬分析 ………… 空運搬係数＝ 人ーもの/ものの移動

作業系列
- 人・機械分析（マン・マシンチャート）
- 組作業分析（人・人分析図）
- } 連合作業分析

動作研究
- 分析手法
  - サーブリッグ分析（ギルブレイス） 18のサーブリッグに分解。
    - # 組み合わせる / U 使う / ‡ 分解する } 価値動作
    - ⇔ 動作経済の原則
  - 両手動作分析… 動作レベルで分解する
    - ○ 作業 ⇨ 移動 D 保持、手持
- 観察手法 ——— VTR分析
  - メモモーション分析
  - マイクロモーション分析

ワークサンプリング 繰り返し作業向き
連続観測法 サイクルの長いもの
稼働率
} 直接法

標準時間設定法
- ストップウォッチ法 …………………… レイティング処理必要
- 実績資料法 …………………………… 個別生産繰り返し少
- 標準時間設定法経験的見積り法 …… 個別生産繰り返し少
- 標準時間資料法 …………………… 同じ要素作業発生多い
- } 間接法
- PTS法
  - WF法…4つの主要変数
  - MTM法

工程の流れ化事例

多品種工程分析事例

	部品名＼工程名	工程1	工程2	ボール盤	フライス盤	中ぐり盤	平削盤	研磨盤	検査
1	A	①	②		③	④	⑤		⑥
2	B	①	②		③				
				④		⑤			⑥
3	C		①		②	③			④
4	D		①	②		③			④
5	E	①		②					
			③		④	⑤	⑥		⑦

製品工程分析事例

No.	工程内容	時間(秒)	距離(m)	工程 加工	運搬	貯蔵	検査
1	部品在庫	−	−	◎	○	▽	□
2	プレス機へ	65	15	◎	○	▽	□
3	U曲げ	25	−	◎	○	▽	□
4	めっき場へ	27	3	◎	○	▽	□
5	電気めっき	45	−	◎	○	▽	□
6	検査	60	−	◎	○	▽	□

※ 折れ線左の「加工」に触れる半が高いほど生産性が高い

工程分析基本図記号

要素工程	記号の名称	記号
加工	加工	○
運搬	運搬	○
停滞	貯蔵	▽
	停留	D
検査	数量検査	□
	品質検査	◇

⇦ 付加価値を生むのは加工のみ

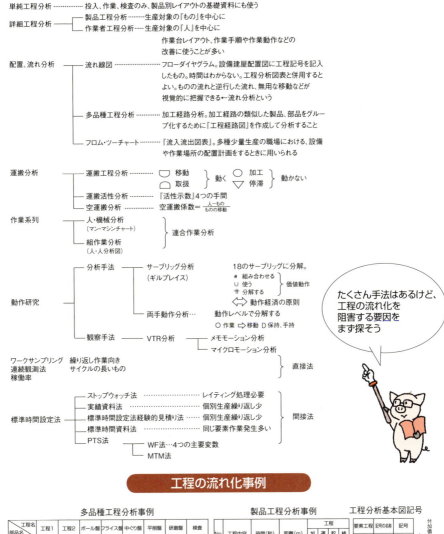

59 工程の流れをスムーズにする

動作のムダをなくす

工程は、加工度を上げて付加価値を増大させる部門と言えます。

前項で説明したように、加工作業以外はすべて付加価値の増大につながらないため、運搬のムダは排除すべき対象です。さらに、工程中の作業者の移動は作業者の疲労度を高め、注意力を散漫にし、多工程持ち作業の場合は作業の混乱による作業ミスを誘発します。

IE手法を用いた事例を次ページに紹介しました。ここでは、自工程内の作業者の動きを最適化する方法を提案しています。

対策前は、治工具や装置間を行ったり来たりして、歩行距離が長くなっていました。これを、改善案では治工具や装置間を回遊するように歩行できるように改善しています。さらに工夫を行い、装置が移動できるようにし、製品別フローを採りながら多品種の製品に対応します。

次は自動機を編成に加え、第2工程を自動機に行わせる間に、作業者は第3工程に移動します。これにより、作業者は第2工程への移動距離を0にできます。対策前は、第2工程で自動機の加工が終わるまで待ち時間が発生していましたが、これも0になります。このような改善活動を積み重ねていきます。

さらに、作業者の作業台での工夫も必要です。動作経済の原則に従って、高いところから低いところに動きを流すと楽です。両手を同時に使う、無理なく間違いなく部品が手にとれる、作業が終わると自動で元の位置に治工具が戻るなどの工夫は簡単に行えることです。

作業者の教育訓練も大切ですが、いつも緊張を強いると、精神的な疲れから作業ミスを誘発します。同じ作業結果を求めるなら、より楽に達成できる方法を、作業者と現場で工夫すべきです。

要点BOX

- ●移動のムダをなくす
- ●動作経済の原則を活用する
- ●より楽にできる方法を模索する

歩行や待ちのムダをなくす

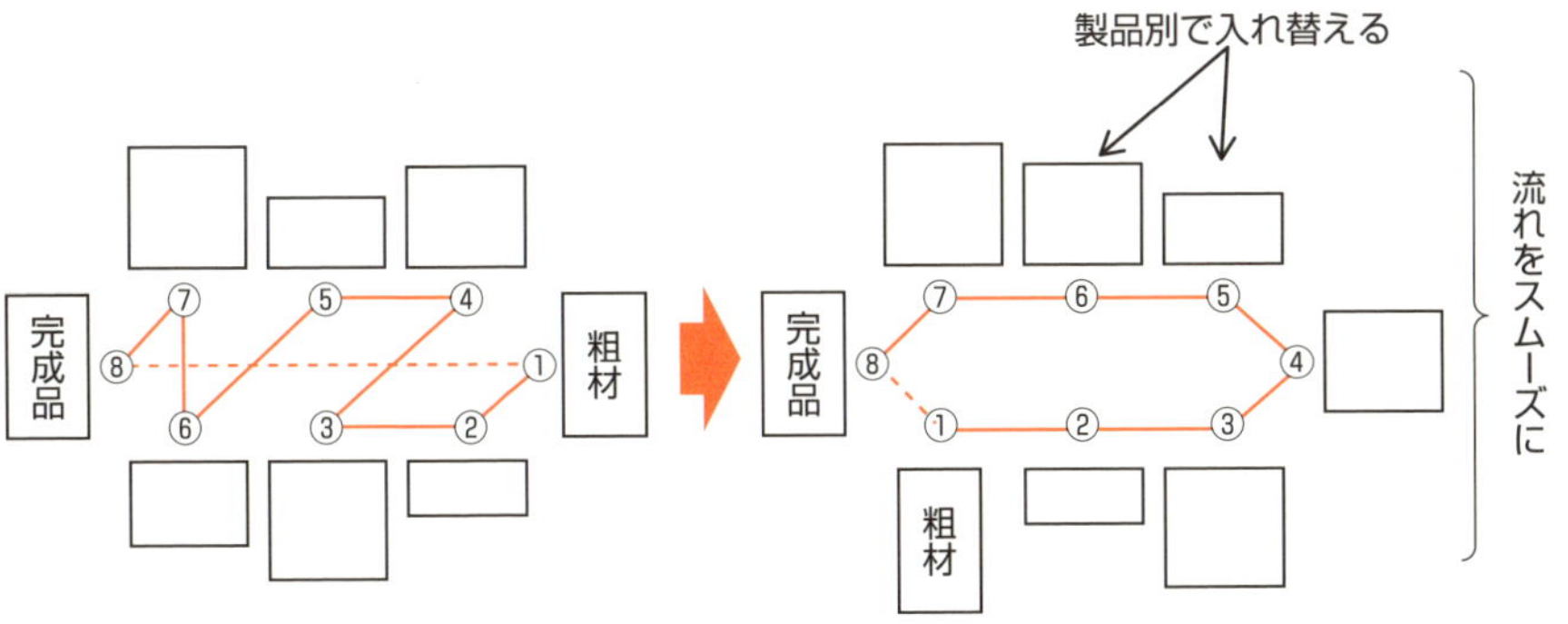

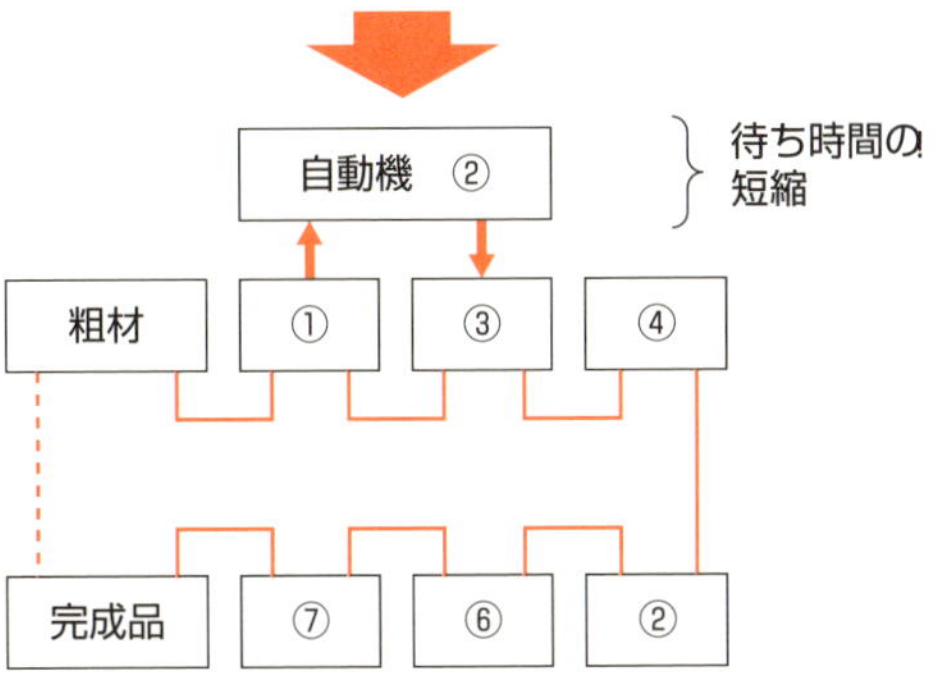

多品種工程分析や
製品工程分析で流れや
待ち時間を確認し
対策案を考えよう

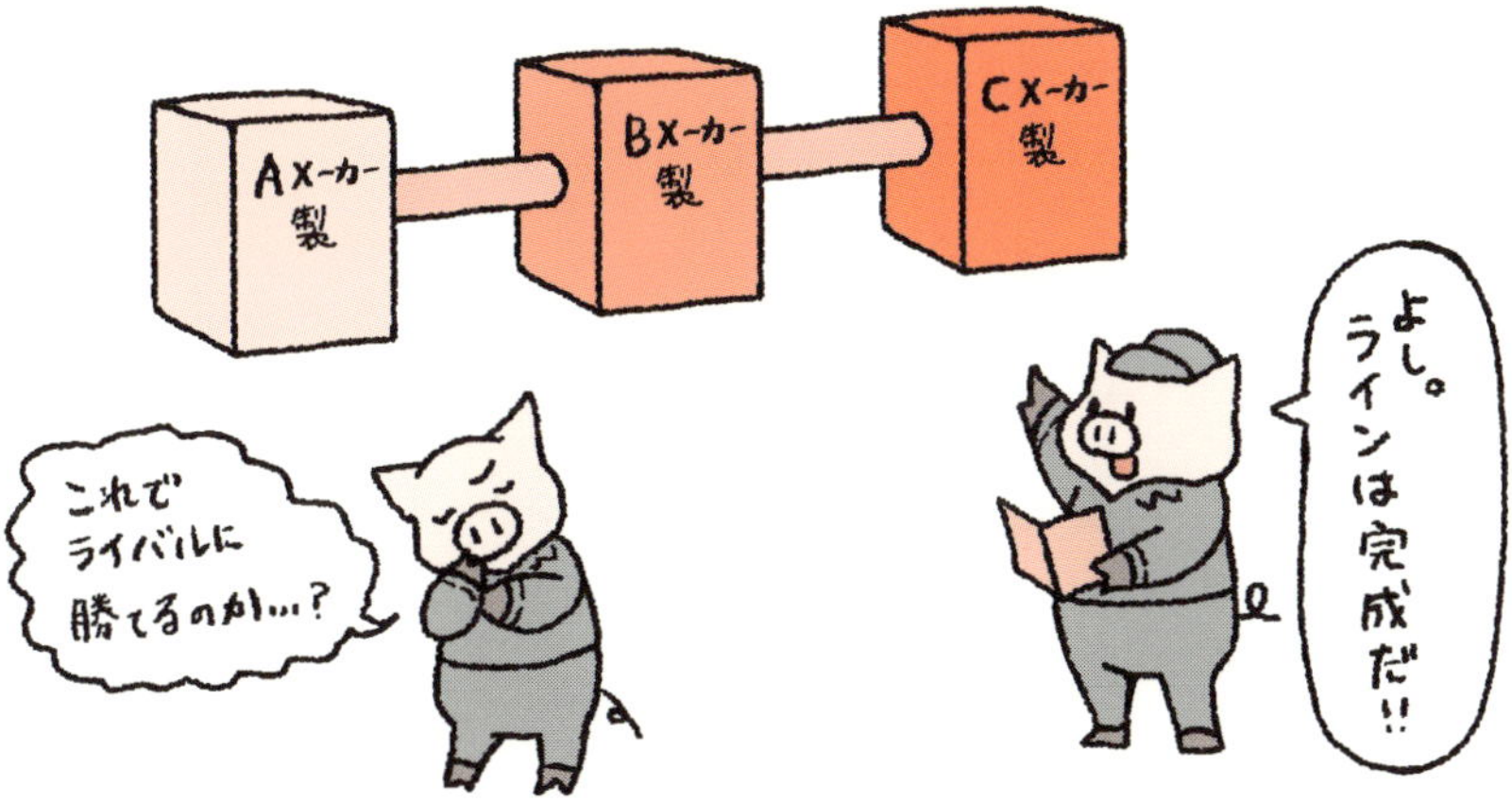

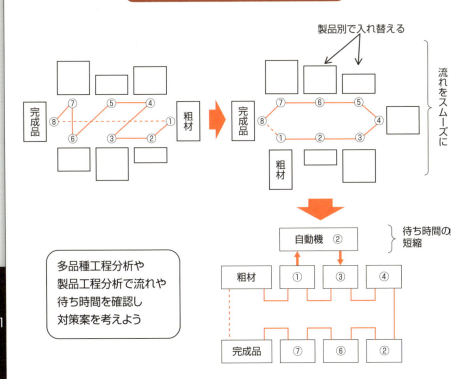

60 生産管理板を活用しよう

どの工程に問題があるか探ることができる

生産管理板の活用は、プル生産方式を採ることができない工程管理において効率の良い運営方法の1つです（52項を参照）。生産管理板は生産指示と同時に、生産の実績をとらえることができます。

次ページに、第1工程から第6工程と検査で構成されている製品別レイアウトの例を示します。このような単純ラインは一般的に、ラインの1サイクルタイムを短縮するためにペースメーカーをつくります。この場合は第1工程です。ここに最も習熟度の高い作業者を配置し、サイクルタイムを短めに設定した工程とします。逆にここが遅いペースをつくると、第2工程以降は前工程にペースを合わせることになります。

生産管理板に定められた時間区切りで生産量を記入し、その他の付帯業務などを書き加えるとともに、生産性を確認します。さらに、トピックスがあれば記入します。指示生産量に達成しなかった場合の理由も明記します。

IEを使って工程の問題を調べることは、次ステップとして行いますが、すべての工程で調査工数のかかるIE手法を導入することはできません。使えるスタッフも限られています。

そこで、所定の工数で生産実績が上がらない工程をチェックすることが必要となります。46項で紹介した問題解決手法の手順上では、現状把握ではなく、テーマの選定に当たります。どの工程の、どこがスムーズに管理できないかをまず探ります。問題のある工程やラインが発見できたら、IEなどで詳しく分析します。

このような方法で大きく俯瞰して工程の問題を見つけ、細部に入るという進め方が効率的です。納期遅延が発生するなどの現象が現れ、工程内の問題と認識し、どの工程の何が問題かをひもとくきっかけとして生産管理板を上手に活用してください。

要点BOX
- ●費用や工数をかけずに改善のネタがわかる
- ●IEなどコストがかかる測定方法は絞り込んでから使う

生産管理板の活用

生産管理板

日当たり数	個

記入者

ライン名

過去の最高記録	
月　日	個

時間	加工品番	計画数		実績		ライン停止		ライン人員	職制のサイン
	個/段取り	毎時	累計	毎時	累計	毎時	要員		
8:30～9:30									
9:30～10:30									
10:30～11:30									
11:30～13:15									
13:15～14:15									
14:15～15:15									

サインは必ずする。

生産量を目標を定めて管理する

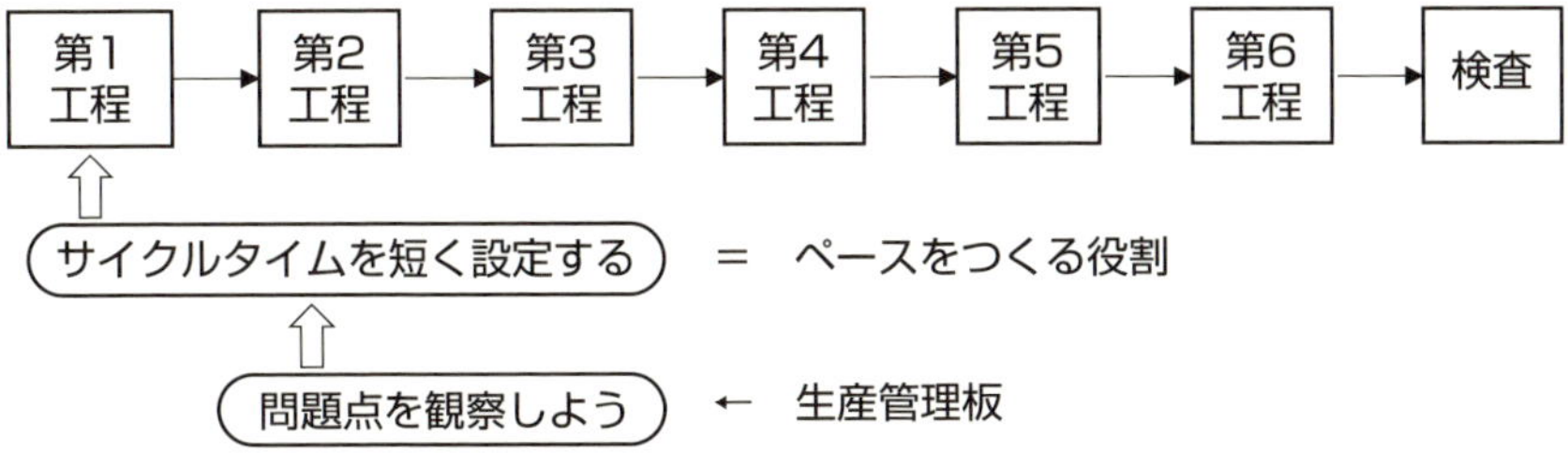

問題への対策事例

問題点	対策（一例）
部品がうまく取り出せない	自動取り出し、部品箱の配置見直し
疲れやすい作業（痛み含む）	軽量化、アシスト機構
動く量が多い	動線の見直し
作業する箇所が見難い	治具、設備改良、照明改善
チョコ停頻発	設備改善、TPMの活用
段取り替え時間が長い	ワンタッチ治具化、自動変換化

61 内段取りを外段取り化する

工程改善の効果が期待できる

生産工程のボトルネック対策で重要なポイントの1つに、段取り時間の短縮があります。TPSにおけるかんばんシステムのように、多品種小ロットのかんばん指示により工程を切り替えることを前提とした方式では、段取り時間の短縮は至上命題となります。プッシュ式生産方式の工程においても、製品別レイアウトは比較的少ないですが、機能別やグループ別レイアウト生産方式であれば、生産性を阻害する要因としてクローズアップされます（17項を参照）。

段取りには、「内段取り」と「外段取り」があります。前者は、生産工程を止めて仕掛品の切り替え作業を行うこと言います。一方、後者は、現在生産しているものの次に仕掛ける製品の治工具や設備、材料の段取りの大部分を、工程の外で行うものを指します。外段取りであっても、最終的に内段取り時間は必要です。

このとき、漫然と内段取り時間をとっていないかを常に確認することが、工程管理の基本となります。内段取り改善のポイントを、次ページに模式図的に表しました。

内段取りを外段取りに移行することは、極力検討したいところです。ただし実行してみると、外段取り者の工数がとれなかったり、外段取りに手間取るためかえって総工数が増加したりすることがよく起きます。

精神論を掲げても仕方がありませんが、まずはやり遂げる意思が欠かせません。工程管理上大きな変化点をつくりたくないため、どうしても消極的になりがちですが、モデルラインをつくって試行することから始めます。その際、FMEAで検討してトレードオフがないか確認するなど、工程全体にトラブルを拡散しない方法について配慮し、改善を進めてください。

要点BOX
- ●モデルラインをつくろう
- ●トレードオフ条件を確認しよう
- ●変化点管理を徹底する

内段取りを外段取り化しよう

①治工具、金型の寸法の統一
②段取り替え作業時に標準工具→専用工具→工具不使用と工夫する
③取付金具は一体化、ワンタッチ化、自動化、無取付化
④セッティングゲージの作成
⑤作業の並行化（多人数分担同時作業）、標準化、訓練
⑥治工具、金型の移動量の最小化

内段取り改善のポイント

- 内段取り改善のポイント
  - 治工具などの改善
    - 内段取りの徹底的な外段取り化
  - 全体的な改善
    - 機能的標準化
      - ・金型の締付部の標準化など
    - 機能的締め具の利用
      - ・効率的な締具の開発および利用
    - 仲介治具の利用
      - ・標準化された仲介治具の開発および利用
  - 作業方法の改善
    - 並行作業の実施
      - ・段取り替え作業は2人以上で行う
    - 段替えの訓練
      - ・改善後の訓練は特に重要

外段取り改善のポイント

- 外段取り改善のポイント
  - “探す”の排除
    - 整理
      - いらないもの（治具、金型）を廃棄
      - 置き場の設定
        - 製品別キット式
        - 機能別方式
      - 置き場表示と品目表示をつける
        - ・金型や治具にも品名をつける
    - 清掃・清潔
      - ・置き場のまわりが崩れたらすぐにわかるようにする
  - 運搬の排除
    - よく使うものを近くに置く
  - 作業基準の明確化
    - 外段取り作業標準書の作成
      - ・金型・治具などを集める手順が最短になるように作成する

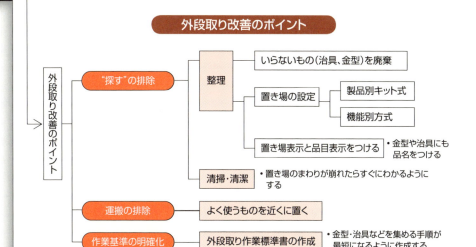

62 工程管理のリーダー育成

ルールを決める、守る、改善する人財づくり

工程管理の仕組みづくりを熱心に行っても、それを運営する人に対する関心が薄いと、計画したシステムは機能しません。企業の方針を実行に移す要は、工程を機能させるリーダーです。しかし、リーダーが自職場だけ、あるいは直接指揮する部下にしか関心がないと、利益を生むために必要な工程管理の全体最適化ができません。

リーダーは上司をフォローし、他部署と連携を図り、部下に対して進むべき方向を示すなど、指導と結果の確認、対策、歯止めというように守備範囲を広く持つことが必要です。リーダーがリーダーシップを発揮するためには、リーダーを補助し、自職場の良き理解者を育てることが必要です。

「とにかく俺に着いてこい」というようなタイプが一見頼もしく見えますが、詳細な指示を常に発信しないと工程管理ができなくなります。目指すのは、工程管理について考えられる職場づくりです。考えなくても、間違いなく実行できる工程の構築が重要ですが、そのためには考える職場にしなければなりません。考えながら作業をしなくてもよいように、あらかじめ「考える」のです。

そのためには、リーダーの考え方を理解してもらうことが必須で、部下に対して説明責任が発生します。そして、その最大の理解者をつくることも必要です。リーダーは自職場をリードしますが、後から誰もついてこないということがないように、追い立て役が必要です。

自職場の運営が円滑になるように、他部署との連携も必要です。上司から情報の提供を受ける、指示や支援を取り付けることも大事な役割です。工程管理において、適切なリーダーの育成方法は労務管理の範疇に入りますが、企業はOJTやOff-JTを取り入れて教育し、評価をして育成レベルの確認をしましょう。

要点BOX
- ●リーダーの役割を知る
- ●知識・技能・態度のバランスが大切
- ●身につけるスキルを知る

リーダー育成のポイント

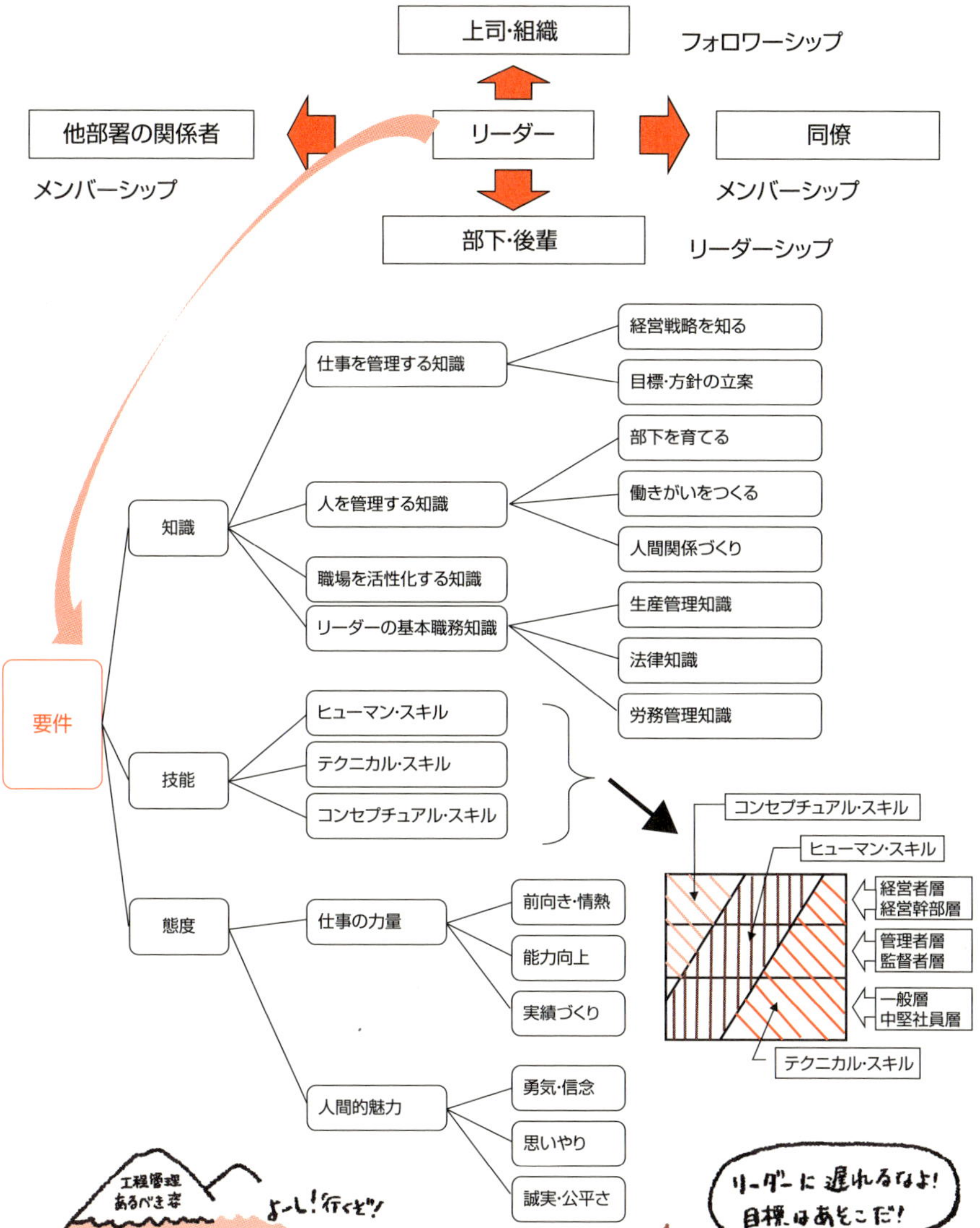

63 目で見る管理は大切

管理状態が誰にでもわかること

工程管理における「目で見る管理」は、作業者自身や工程管理者、工場管理者、経営者、顧客が見て、工程が過去・現在でどうなっているかを把握する管理手法です。特に、工程作業者は作業に追われているため、正しく作業していることの結果をフィードバックされないと、異常の検出が遅れます。

管理項目の代表的なものとして、

①余力管理（負荷計画）
②生産日程管理（生産計画と進捗管理、納期管理）
③在庫管理（仕掛品、製品）
④品質管理（不良率、検査合格率）

が挙げられ、以下の要点を押さえましょう。

①目標が見える→工程管理の進むべき方向を明示
②工程の現状が見える→活動の結果、目標に対してどのような状況かが誰が見てもわかる
③現状の中で何が問題かが見える→どこが、何が、どのように問題かが簡単にわかる
④行動に移す方法が見える→問題点が見えたら対策行動をとる必要がある

これらはPDCAで管理し、効果を上げていくようにしましょう。

工程間には通常、滞留するはずのない仕掛品が溜まり始めてきた場合、管理監督者は直ちに行動を起こします。また、工程作業者も異常の発生について把握します。

目で見る管理の最も重要なポイントは、せっかく目で見えるような状態にしたわけですから、直ちに原因調査と対策を打たないと工程作業者のモチベーションをかえって下げることになる点です。そのようなことが発生していないか、他部署の人や経営者が工程を通るだけでわかることが管理の維持には大切で、そこに目で見る管理の必要性があります。

要点BOX
- ●PDCAを回そう
- ●生産性だけではなくQCD全体を見る
- ●変化点は見落とさないこと

目で見る管理を実行しよう

計画

- 自職場の目標未達項目や問題点の摘出
- 目で見る管理チェックリストによる点検
- 導入方針、目標、計画立案

実施

- 5S（整理、整頓、清掃、清潔、躾）面の推進
- チームワーク、モチベーション向上推進

すべての管理が対象

- 設備管理
- 工程管理
- 現品管理
- 原価管理
- 品質管理
- 作業管理
- 安全・環境

確認

- 目標との確認（管理のサイクルは小さく、早く根気良く回す）
- 標準化、マニュアル化

修正

- 体系化、統合化、全社化、定着化
- 目標との差異発生項目の認識

目で見る管理導入・推進手順

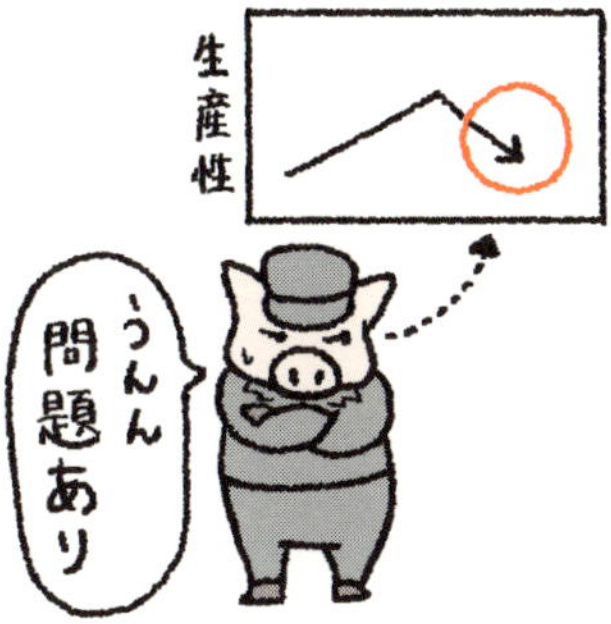

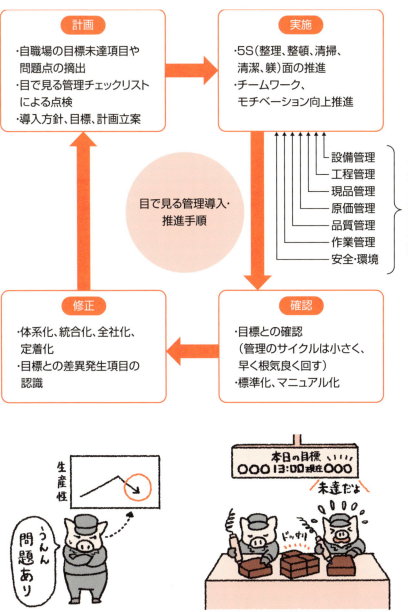

64 5S活動を推進する

5Sでムダを排除しよう

5S活動は、工程管理や工場管理、作業管理などの基本活動として位置づけられます。5Sには管理の基本が含まれていて、活動の具体性がわかりやすいことから、まず5Sを浸透させた上で目的の管理を導入するといった手法が採られることが多いようです。実際には、以下に示す①～⑤の順番に実行していきます。

①整理：職場から不要なものを撤去する
②整頓：必要なものを、必要なときにすぐに取り出せる
③清掃：必要なものをきれいにし、使えるようにする
④清潔：衛生的、健常な状態に維持する
⑤躾：決めたことを守れるようにする。すなわち、マナーが高い状態にするということ

散らかった状態では、欲しいものを探すムダな動作と時間が発生し、そのため出かける前の身支度という品質に問題が発生します（次ページ左上図）。

また、5S活動を職場の美化運動と勘違いする傾向も少なからず見受けられます。5Sは、企業の貴重な人・もの・金を使ってQCDを管理し、工程内がムダ・ムラ・ムリのない状態となり、高い作業効率で品質管理も行いやすくする活動です。

計画通りにQCDを管理できない原因は、工程にばらつきが発生するためです。ばらつきが発生する要因としては、4Mの変化点の発生が挙げられます。変化点管理（変化点が発生した場合は、自工程と後工程、検査工程は、発生部署の連絡を受けて、所定の対応を行う）は、職場が混乱していると活動は困難です（34・44・51項を参照）。

工程管理の基本である5S活動が維持継続されているか、チェックリストを用いて定期的に診断することも必要です。次ページにひな形を示しましたが、職場の実態に合わせて工夫するとよいでしょう。

要点BOX
- ●目で見る管理や自工程完結活動には必須
- ●変化点管理が向上できる
- ●職場規律の向上に活用

5Sの確実な実施

5Sができていないとムダが発生する、品質不良が発生する、コストがかかる、納期が遅れる

5Sの手順を理解すれば簡単に実行できます

整理＝不要なものは排除する

整頓＝必要なものを定位置に

清潔＝きれいに使えるように

清掃＝維持しよう

躾＝決めたルールは守る

5S診断チェックリストの例

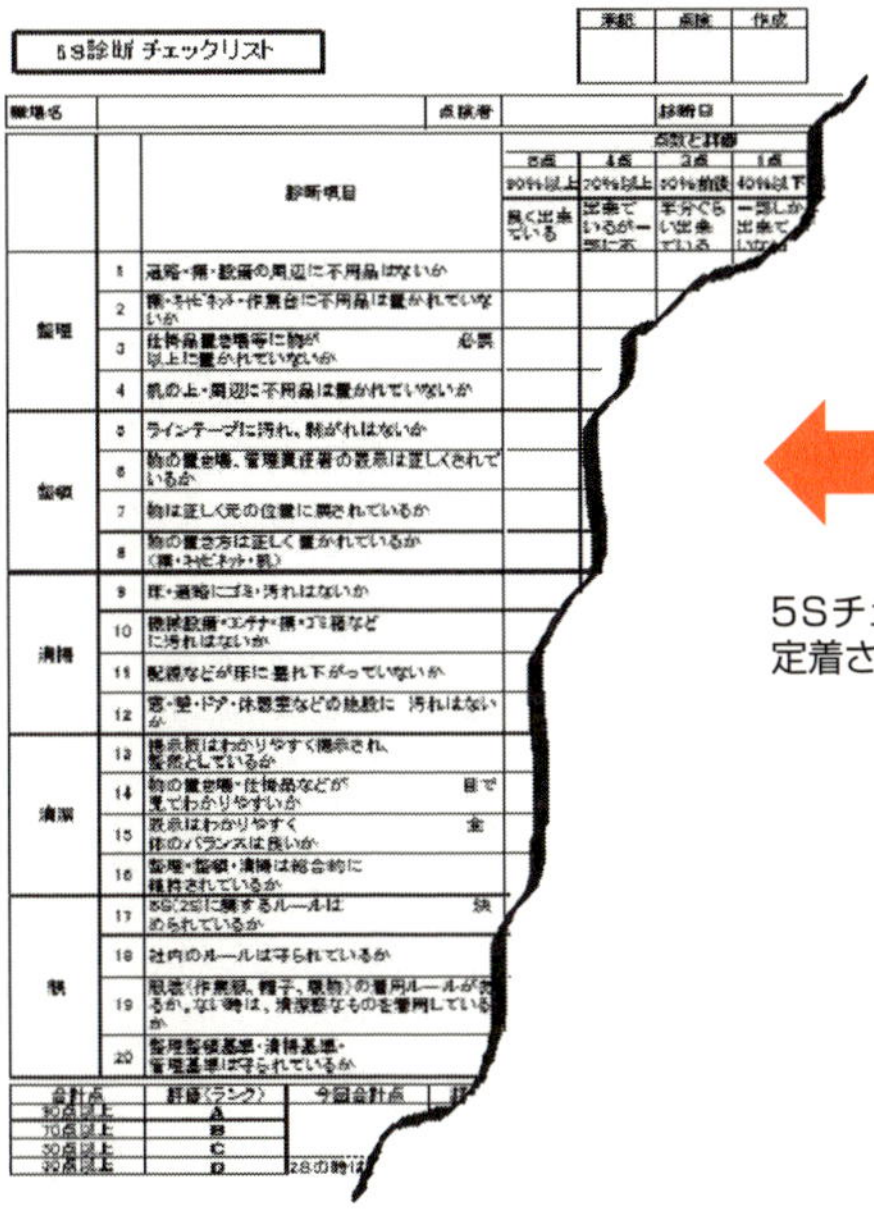

5S診断 チェックリスト

承認	点検	作成

職場名		点検者		診断日

		診断項目	点数と評価 5点 90%以上 良く出来ている	4点 70%以上 出来ているが一部に不	3点 50%前後 半分ぐらい出来ている	1点 40%以下 一部しか出来ていない
整理	1	通路・棚・設備の周辺に不用品はないか				
	2	棚・キャビネット・作業台に不用品は置かれていないか				
	3	仕掛品置き場等に物が　必要以上に置かれていないか				
	4	机の上・周辺に不用品は置かれていないか				
整頓	5	ラインテープに汚れ、剥がれはないか				
	6	物の置き場、管理責任者の表示は正しくされているか				
	7	物は正しく元の位置に戻されているか				
	8	物の置き方は正しく置かれているか（棚・キャビネット・机）				
清掃	9	床・通路にゴミ・汚れはないか				
	10	機械設備・コンテナ・棚・ゴミ箱などに汚れはないか				
	11	配線などが床に垂れ下がっていないか				
	12	窓・壁・ドア・休憩室などの施設に　汚れはないか				
清潔	13	掲示板はわかりやすく掲示され、整然としているか				
	14	物の置き場・仕掛品などが　目で見てわかりやすいか				
	15	表示はわかりやすく　全体のバランスは良いか				
	16	整理・整頓・清掃は総合的に維持されているか				
躾	17	5S(2S)に関するルールは　決められているか				
	18	社内のルールは守られているか				
	19	服装（作業服、帽子、履物）の着用ルールが決まっているか。ない時は、清潔感なものを着用しているか				
	20	整理整頓基準・清掃基準・管理基準は守られているか				

合計点	評価（ランク）	今回合計点	評
90点以上	A		
70点以上	B		
30点以上	C		
20点以上	D	2Sの時は	

5Sチェックシートで
定着させよう

65 TPM活動を推進する

設備保全から始める全社的な活動

TPM活動は全員参加の生産保全という意味で、1971年に日本プラントメンテナンス協会によって提唱され、当協会の登録商標として広く認知されています。さらに、全社的生産システムの効率化（Total Production Management）活動としても使われるようになっています。

企業は、利益を得て永続的に活動していく組織体（ゴーイングコンサーンという）で、企業活動の根幹をしっかりと確立する必要があります。その根幹をなすのがQCD（品質・コストや原価管理・デリバリー＝納期や進捗管理）です。

QCDを構築するために押さえておく要因として4M＝Man（人）、Machine（設備）、Material（材料や仕掛品）、Method（方法）の管理が重要となります。

4Mが管理されたQCDシステムを構築することを、生産マネジメントと呼んでいます。その阻害要因を排除する活動を全社で展開することにより、生産マネジメントの構築化が図られ、工程管理が効率良く運営できる体制が整備されるのです。

TPM活動は①個別改善、②自主保全、③計画保全、④教育訓練、⑤製品・設備の開発管理、⑥品質保全体制づくり、⑦管理間接部門の効率化体制づくり、⑧安全衛生環境の管理体制づくりの「8本柱（活動）」で展開するようにします。

最初は、生産部門を中心とした設備の生産性向上をねらった活動からスタートさせます。そして最終的には、設計・技術部門、事務間接部門も含めた全社横断的な聖域を設けない活動へと展開していきます。

活動のねらいは、故障ゼロ→不良ゼロ→災害ゼロと進めていくことです。またこの活動を通じて、働く人々の考え方や行動を変えていく効果にも期待しています。

要点BOX

- ●目で見る管理や自工程完結活動には必須
- ●変化点管理が向上できる
- ●自主的に取り組む保全活動

設備管理体系の整備

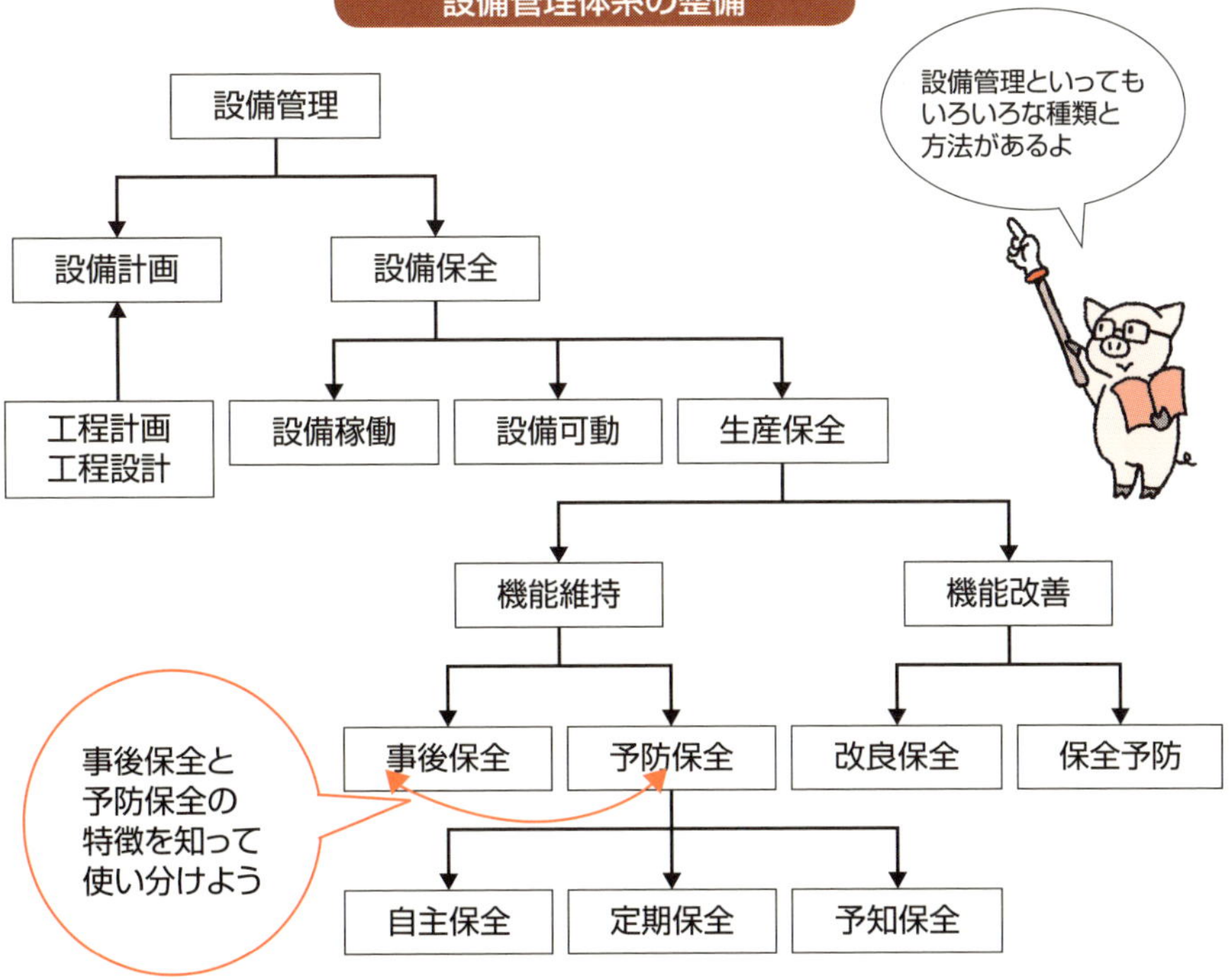

設備の故障低減活動事例

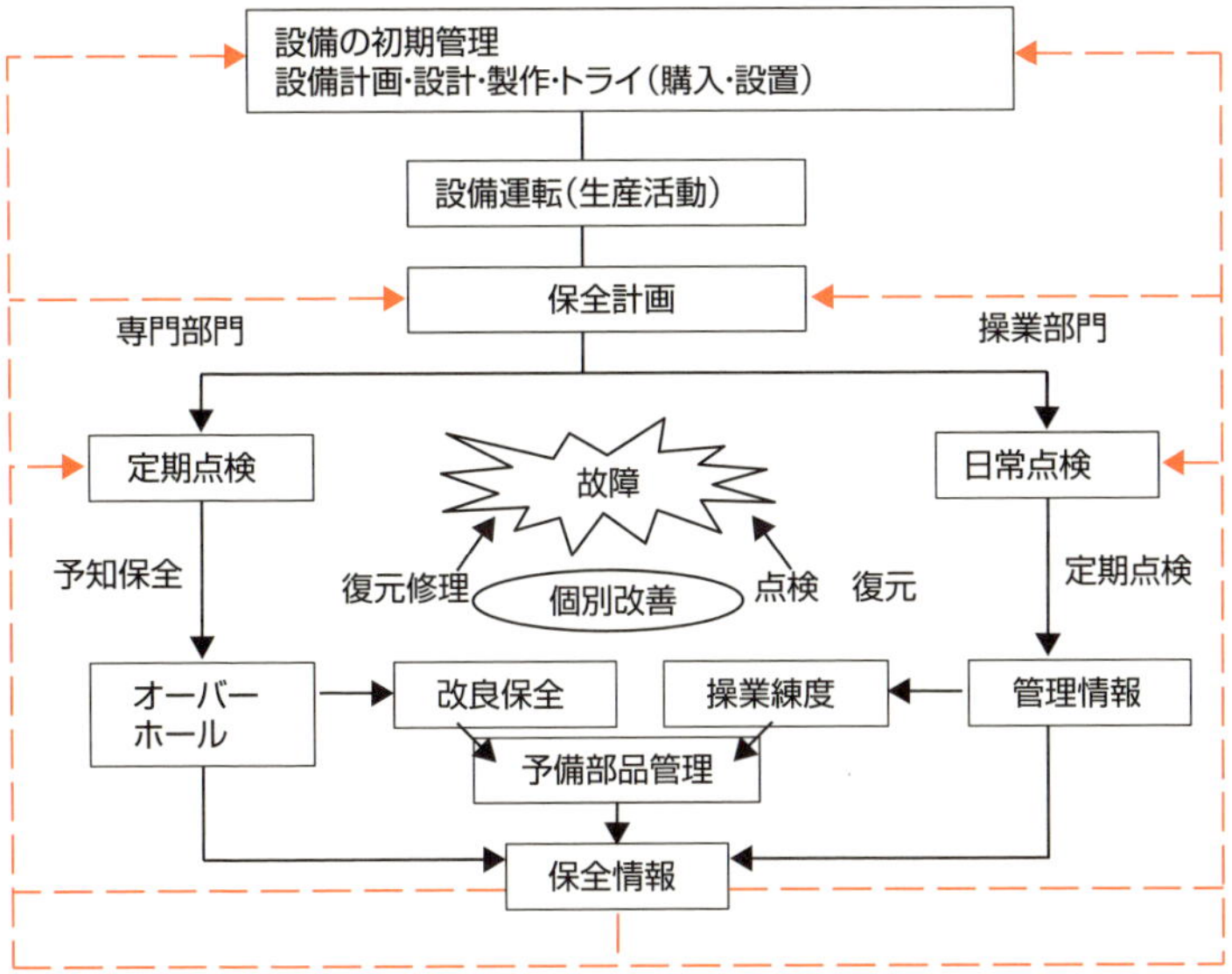

66 ポカよけを考えよう

作業ミスを防ぐ

工程内不良や検査部門での不合格は、工程管理としてはぜひとも最小化したい事項です。工程で付加価値を織り込み、12項で紹介した利益を得る活動において、自工程が管理責任を持つためにも、34・44項で解説した自工程完結活動を推進します。その活動を徹底するには、ポカよけを設計段階（製品設計・工程設計）から織り込むことが重要です。

また、工程確立時のハイボリュームトライ（HVT＝量産試作または試行）において、作業者がミスしやすい工程や動作を抽出して対策を行います。

次ページに工程飛びの防止事例を掲げます。部品Aを右手でとり、仕掛品に組み付けた後で部品Bを組み付ける工程です。作業者が部品Aの組付を忘れて部品Bを組み付け、後工程に流す可能性がある場合に、部品Aを取り出さないと次工程に移れないようにします。部品Bが組み付けられていれば工程飛びはないわけで、検査工数を省略できます。

作業者は必ずミスをします。人間の注意力は1回につき15分、1日の累積で2時間程度と言われています（フェイズ理論より）。そのような不確かな状態でも、注意すべき箇所を極力少なくして、管理の仕方で押さえることができるようにすべきです。

ポカよけ対策は、以下を考慮して実施します。

①設計段階でIEやFMEAを用い、作業者のミスを予測する
②過去トラを活用して同様の作業者のミスを予測する
③量産開始前に、工程設計に漏れやミスがないか確認を行う
④作業手順通りに行わないと、重大な品質不良を発生させる工程から重点的に行う
⑤重要工程はポカよけに加えてフェイルセーフ（間違った作業をした場合に停止または修正する機構）を設ける

要点BOX

●設計段階から織り込む
●人的ミスを重点に注目する
●IEやFMEAを活用する

ポカよけとは

ポカよけ=Fool proof measures

順調な経営も"ついウッカリ"というミスが元で倒産に至る例も出ている
また、パート・アルバイト・季節工・社外応援者の活用は一般化している
その上、製品の多品種化が多工程持ち・品種の切り替えを多くし、ポカミスで不良や事故の発生原因となっている。このような状況の中でポカよけ対策、つまり誰が作業しても

(1)間違いをより発生しないようにする仕組み
(2)間違いなく作業ができる仕組み
(3)間違った作業をしてもミスが発生しない仕組み

をつくり出す必要がある

ポカよけ対策実施の手順

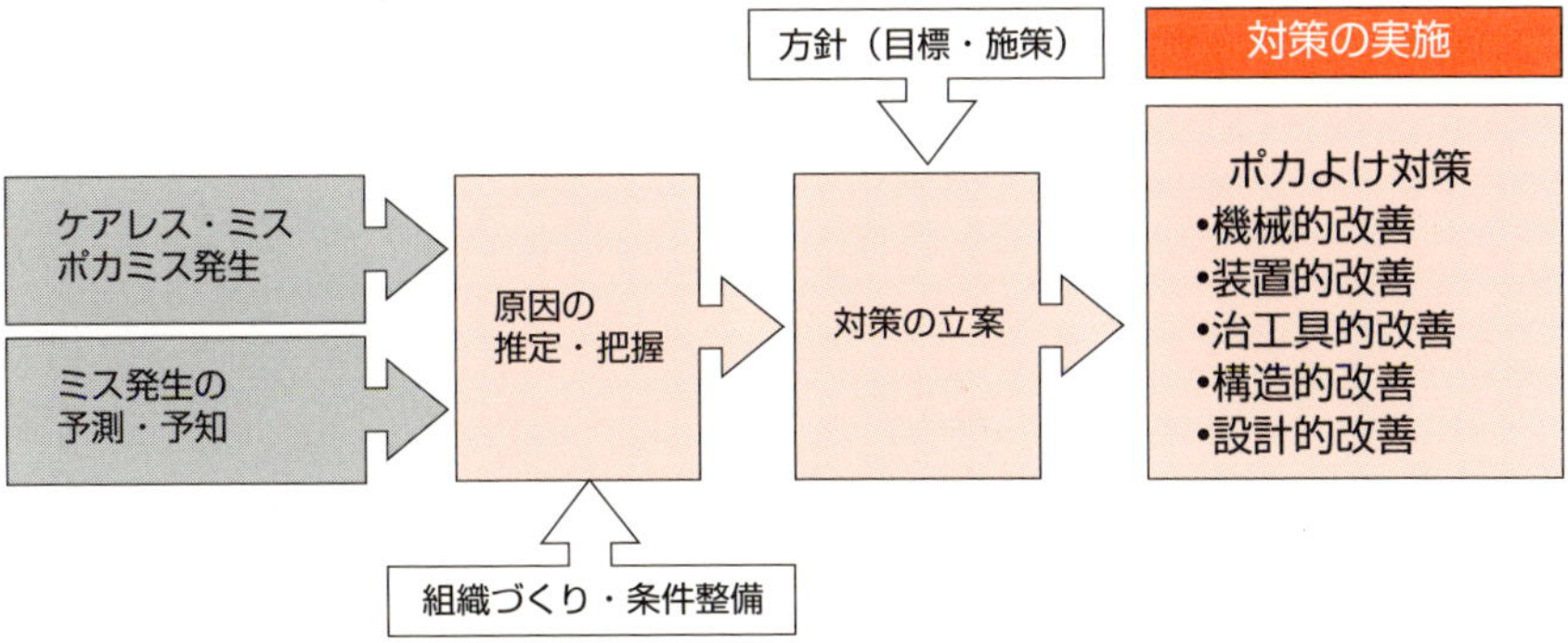

Column

工程管理は記憶との戦い

ーIoTは使い方が大切で、ローテクも捨てたものではないと第5章のコラムに書きました。でも、人は間違える動物です。フェイズ理論というものがあります。

企業では、工程管理において、指示命令系統に置く者は職長教育（労働安全衛生法第60条）を行った者から任命しなければならないと定めています。その職長教育を行う資格は中央労働災害防止協会で取得しますが、そこでフェイズ理論を教えてもらいました。フェイズ0からフェイズⅣまであり、Ⅲが最も良好な緊張状態です。

ところが、Ⅲは1回15分程度、一日累積で2時間程度しか持続できません。それ以外は、Ⅱの緊張を解いた状態となります。電車の運転手が指差呼称をするのは、Ⅱから強制的にⅢにするためです。きびきびとして格好良いですが、決して格好をつけているわけではないのです。

さらにやっかいなのは、人の記憶は一時記憶→短期記憶→長期記憶の順に固定されますが、一時記憶はせいぜい7項目、15秒間程度しか保持できないのです。作業者が一時記憶で作業する危険性は大きいということです。

そこで、常に作業標準の重要項目などは作業者の目に触れるところに置くことや、見本と並べて指で押さえながら確認するなど、一時記憶を排除する必要があります。一人作業（屋台方式）工程が脚光を浴びることがありますが、工程管理者からすると、常に正しく作業がされているか緊張を強いられることとなります。

それがIoTを使うと、例えば工程に仕掛品が流れてくると、その作業標準が目の前に示されるなど人間の曖昧な記憶装置や注意力を補助することが可能となります。ところが経営者から見ると、「昔はそんなデバイスがなくてもやれた。工程管理が甘いからできない」となります。安価な投資ではありませんが、有効活用したいものです。

【参考文献】

「実践 現場の管理と改善講座07 不良低減第2版」、名古屋QS研究会著、日本規格協会、2013年3月
「実践 現場の管理と改善講座08 設備管理第2版」、名古屋QS研究会著、日本規格協会、2013年3月
「現代生産管理論」、澤田善次郎著、マナハウス、2006年5月
「目で見て進める工場管理 実践生産管理論」、澤田善次郎著、日刊工業新聞社、1991年6月
「トコトンやさしい作業改善の本」、岡田貞夫著、日刊工業新聞社、2004年12月
「図解よくわかるこれからの生産管理」、菅間正二著、同文舘出版、2003年10月
「生産技術の実践手法がよ〜くわかる本」、菅間正二著、秀和システム、2010年3月
「図解よくわかるこれからの工程管理」、菅間正二著、同文舘出版 2007年6月
「トコトンやさしい工場管理の本」、岡田貞夫著、日刊工業新聞社、2014年3月
「自動車と設計技術」、「応用機械工学」編集部編、大河出版、1983年11月
「トコトンやさしいトヨタ生産方式の本」、トヨタ生産方式を考える会編、日刊工業新聞社、2004年2月
「生産マネジメント入門①生産システム編」、藤本隆宏著、日本経済新聞出版社、2001年6月
「製造システム」、木村文彦著、岩波書店、2005年8月
「図解ISO/TS16949の完全理解」、岩波好夫著、日科技連出版社、2010年12月
「JIS Z 8141:2001」、日本規格協会
「トヨタ生産方式の基本としくみ」、佃 律志著、日本能率協会マネジメントセンター、2012年7月
「よくわかる かんばんと目で見る管理の本」、副田武夫著、日刊工業新聞社、2009年6月
「トコトンやさしいTPMの本」、中野金次郎著、日刊工業新聞社、2005年11月
「続々・目で見て進める工場管理」、岡田貞夫著、日刊工業新聞社、2001年6月
「トコトンやさしい生産技術の本」、坂倉貢司著、日刊工業新聞社、2015年12月

索引

英数字

あ

か

さ

今日からモノ知りシリーズ
トコトンやさしい
工程管理の本

NDC 509.6

2016年11月29日　初版1刷発行
2022年4月28日　初版4刷発行

©著者　坂倉 貢司
発行者　井水 治博
発行所　日刊工業新聞社
東京都中央区日本橋小網町 14-1
(郵便番号 103-8548)
電話　書籍編集部　03(5644)7490
販売・管理部　03(5644)7410
FAX　03(5644)7400
振替口座　00190-2-186076
URL https://pub.nikkan.co.jp/
e-mail info@media.nikkan.co.jp
印刷・製本　新日本印刷（株）

● DESIGN STAFF
AD ──────── 志岐滋行
表紙イラスト─── 黒崎　玄
本文イラスト─── 角　一葉
ブック・デザイン─ 大山陽子
（志岐デザイン事務所）

●
落丁・乱丁本はお取り替えいたします。
2016 Printed in Japan
ISBN　978-4-526-07633-6　C3034
●
本書の無断複写は、著作権法上の例外を除き、
禁じられています。

●定価はカバーに表示してあります

●著者略歴
坂倉 貢司（さかくら・こうじ）
1981年、名城大学理工学部機械工学科卒業
トヨタ系自動車部品１次下請メーカーで生産技術部生産技術開発、トヨタ生産方式プロジェクト員、自動車用外装部品設計開発、安全装置設計開発を担当
紡績テキスタイル製造会社で短繊維テキスタイル事業部天然繊維工場勤務。生産技術開発担当、同工場製造部長、生産統括部長、品質保証部長を歴任
株式会社セキデン（自動車部品２次下請メーカー）で製品企画Ｇグループリーダー兼品質保証Ｇサブグループリーダー
2015年、プロリンクスＫＳ経営技研合同会社社長、株式会社セキデン取締役本社工場長を兼務
この間、金属・樹脂・繊維の加工および表面処理技術開発、商品開発設計、品質管理、一貫生産工場の工程管理、生産管理、外注工場管理に携わる。経営コンサルタントとして数社の経営・技術指導歴を持つとともに、セキデン取締役本社工場職を兼務して製造業実務と改革を推進中、株式会社セキデンアクシス取締役
中小企業診断士、繊維製品品質管理士
日本生産管理学会理事　標準化研究学会理事
著書　「実践　現場の管理と改善講座07　不良低減　第２版」、名古屋ＱＳ研究会、日本規格協会（2013）主筆
「トコトンやさしい生産技術の本」、坂倉貢司著、日刊工業新聞社（2015）
「トコトンやさしい改善７つ道具活用術」日刊工業新聞社、「VE」「TPM」執筆担当
月刊「工場管理」（日刊工業新聞社）の特集記事執筆なども多数